€ 13,90

Heiko Franke / Helmut Hanisch
Religiöse Erziehung im Vorschulalter

Heiko Franke / Helmut Hanisch

Religiöse Erziehung im Vorschulalter

Grundlagen und praktische Hinweise

Calwer Verlag Stuttgart

Die Bibelzitate folgen der revidierten Übersetzung Martin Luthers von 1984 in neuer Rechtschreibung. © Deutsche Bibelgesellschaft Stuttgart 1999.

Die Deutsche Bibliothek – CIP-Einheitsaufnahme

Franke, Heiko: Religiöse Erziehung im Vorschulalter:
Grundlagen und praktische Hinweise /
Heiko Franke / Helmut Hanisch. –
Stuttgart: Calwer Verl., 2000

ISBN 3–7668–3683–8

Satz: Karin Klopfer, Calwer Verlag
Umschlaggestaltung: Karin Sauerbier, Stuttgart
Druck und Verarbeitung: Druckhaus Beltz, Hemsbach

Inhalt

Vorwort

In einer Welt, in der es viele – oftmals konkurrierende – religiöse Orientierungen gibt, wachsen die Unsicherheiten, wie Kinder christlich erzogen werden können. Um so wichtiger erscheint es, sich auf die Grundlagen der christlichen Erziehung zu besinnen, um von da aus Gesichtspunkte zu gewinnen, wie wir Kinder im Vorschulalter an die Tradition des christlichen Glaubens heranführen und ihnen bei der Entwicklung ihres Glaubens helfen können.

Die Besinnung auf die Grundlagen geschieht in diesem Buch auf mehrfache Weise. Zunächst geht es im ersten Kapitel darum, das zur Kenntnis zu nehmen, was Jesus über Kinder sagte und welche Bedeutung er ihnen im Hinblick auf den Glauben zuwies. An zentralen Texten der neutestamentlichen Botschaft wird dies entfaltet. Vor diesem Hintergrund gehen wir der Frage nach, wie die ersten christlichen Gemeinden die Worte Jesu aufnahmen und welchen Platz Kinder dort einnahmen.

In einem zweiten Kapitel wird der Versuch unternommen, das Verständnis von Kindheit im Zusammenhang mit theologischen und pädagogischen Fragen im Laufe der Geschichte zu entfalten. Dies geschieht aus dem Grund, weil einige von diesen Ansätzen bis in die Gegenwart hinein den Umgang mit Kindern prägen.

In einem dritten Kapitel wird das Verständnis von Kindheit in der gegenwärtigen Gesellschaft zum Thema. Hier geht es vor allem um die Frage, wie Kindheit heute verstanden wird und was zum Wohlbefinden von Kindern beitragen kann. Im Anschluss daran wird darüber nachgedacht, wie auf der Grundlage der christlichen Tradition heute verantwortlich mit Kindern umgegangen werden kann.

In den folgenden drei Kapiteln fassen wir die Grundlagen der christlichen Erziehung näher ins Auge. Dabei kommt es darauf an, zunächst die kindliche Persönlichkeit im Vorschulalter aus entwicklungspsychologischer Sicht zu beschreiben, sofern sie für die christliche Erziehung von Belang ist. Vor diesem Hintergrund fragen wir nach dem kindlichen Glauben. Daraus lassen sich Orientierungen ableiten, wie wir mit Kindern über Gott sprechen, ihnen biblische Geschichten erzählen oder mit ihnen beten können. Diesen Fragen ist ein eigenes Kapitel gewidmet. Abschließend fassen wir in praktischen Hinweisen die Ergebnisse der vorangegangenen Kapitel zusammen und führen sie weiter.

Gedacht ist das Buch als Hilfe und Unterstützung für alle, die mit der christlichen Erziehung von Kindern im Vorschulalter befasst sind. Im Einzelnen sind Eltern, Großeltern, Erzieherinnen und Erzieher in Kindergärten und Helferinnen und Helfer in der Kinderkirche zu nennen.

Zusammenfassungen im Text sollen das Lesen erleichtern. Zugleich laden die jedem Kapitel zugeordneten »Fragen zum Nachdenken und Diskutieren« dazu ein, die eigene Situation zu bedenken und Schlussfolgerungen daraus zu ziehen. Dabei ist es sicher hilfreich, das Buch gemeinsam mit anderen in Gemeindekreisen oder im privaten Rahmen zu lesen. Auf Anmerkungen im fortlaufenden Text haben wir verzichtet. Diese finden sich – Stichworten zugeordnet – am Ende des Buches.

Abschließend haben wir Nicole Chibici-Revneanu und Kathrin Weiß für die Durchsicht des Manuskripts zu danken; ebenso Angela Härting, die bei der Korrektur der Druckfahnen half.

Heiko Franke / Helmut Hanisch

1. Kinder in der Umwelt Jesu und in den ersten christlichen Gemeinden

Was Jesus über Kinder sagte, wie er auf sie hinwies und wie er mit ihnen umging, schien den ersten Christen so wichtig, dass sie es weiter erzählten. Schließlich fand es Eingang in die Evangelien. Deshalb wird, wo von Jesus berichtet wird, auch an seine Bemühungen um Kinder erinnert, an seine Bemerkungen über ihren Wert vor Gott und ihr Vorbild im Glauben gegenüber den Erwachsenen.

Kinder gehörten natürlich auch von Beginn an zur christlichen Gemeinde. Die Christen hatten nicht vergessen, wie wichtig Kinder Jesus gewesen waren. Sie versuchten zu beachten und in der Gemeinde zu verwirklichen, was ihnen mit der Überlieferung der Worte Jesu ans Herz gelegt war. Kinder genossen in christlichen Familien eine Achtung, die in jener Zeit keineswegs selbstverständlich war.

Welche Rolle Kindern damals zugewiesen wurde, ergibt sich aus der näheren Betrachtung des Kulturraums, den wir heute »Naher Osten« nennen. Im Palästina jener Zeit begegneten und durchdrangen einander die Tradition des jüdischen Volkes und der sogenannte Hellenismus, der aus der Verbindung von griechischer und orientalischer Kultur entstanden war. Er prägte das Leben im Mittelmeerraum in der römisch beherrschten Welt. Wer herausfinden will, was Kindheit damals bedeutet hat, muss deshalb sowohl römisch-hellenistische als auch jüdische Quellen heranziehen und den Zusammenhang beider in Palästina berücksichtigen. Darauf wollen wir im Folgenden kurz eingehen, bevor wir uns der besonderen Bedeutung zuwenden, die Kinder für Jesus hatten.

Kinder in der antiken Welt des ersten Jahrhunderts

Hellenismus

Das Bild, das wir aufgrund unterschiedlicher Quellen des Hellenismus über die Kindheit erhalten, ist uneinheitlich und schillernd. Zunächst fällt dem modernen Leser bzw. der modernen Leserin mit Erschrecken die Rechtlosigkeit der Kinder auf, die so weit ging, dass ihnen nicht einmal das Recht auf Leben zugebilligt wurde. Alle Rechte lagen in der antiken Gesellschaft beim Hausvater. Von seiner Entscheidung hing es ab, ob ein Kind am Leben bleiben konnte oder nicht. So wurde beispielsweise in Rom jedes Neugeborene dem Vater vor die Füße gelegt. Nahm er es auf, dann bedeutete dies, dass er es als Kind akzeptierte und es leben durfte. Nahm es der Vater nicht hoch, wurde es ausgesetzt und so dem Tod, der Sklaverei, der Prostitution oder der Gladiatorenausbildung preisgegeben. Kein Strafrecht begrenzte diese Vollmacht des Vaters.

Behinderte oder schwächliche Neugeborene hatten unter diesen Voraussetzungen kaum Chancen zum Überleben. Der berühmte römische Philosoph und Dichter Seneca (gest. 65 n. Chr.) schreibt dazu: »Missgeburten löschen wir aus. Kinder, wenn sie schwächlich und missgestaltet geboren sind, ertränken wir. Und nicht Zorn, sondern Vernunft ist es, vom Gesunden Untaugliches zu sondern.«

Die maßgeblichen hellenistischen Autoren beziehen sich auf Kinder hauptsächlich im Zusammenhang mit Fragen der Erziehung. Erziehung ist für sie ein Vorgang, der aus der Kindheit herausführt. Die Kindheit selbst besitzt in ihrer Vorstellung keinen eigenen Wert. Deshalb gilt es, sie zu überwinden. Erst der Erwachsene ist Mensch im vollen Sinne des Wortes. Die hellenistische Kultur ist demnach auf den Erwachsenen fixiert. Sie interessiert sich für Kinder nur insofern, als sie Erwachsene werden sollen.

Wie man sich die Erziehung im Einzelnen vorzustellen hat, darüber gibt der griechische Philosoph Plutarch (gest. um 125 n. Chr.) Auskunft. Nach griechischer Sitte waren für die Erziehung in der frühen Kindheit nicht die Eltern verantwortlich, sondern Ammen, die in der Regel Sklavinnen waren. Im Umgang mit den Kindern galt als Leitlinie, den richtigen Mittelweg zwischen Verzärtelung und Härte zu finden.

Mädchen und Jungen wurden in den ersten sechs Lebensjahren gleich behandelt. Danach begann für die Jungen die Schulzeit, deren Dauer nicht geregelt war und sich in erster Linie nach den finanziellen Möglichkeiten des Vaters richtete. Ein »paidagogos«, meist ein Sklave, unterrichtete die Jungen in Grammatik, Sport sowie Musik und vor allem in Sittsamkeit. Die Lehrer hatten das Züchtigungsrecht und machten davon offenbar rege Gebrauch. Nur so ist die Aussage Plutarchs zu verstehen, der neben anderen Autoren die schrankenlose Macht der Lehrer gegenüber den Kindern ablehnte. Entsprechend heißt es bei ihm: »Gegen die schwache und schutzlos dem Unrecht ausgelieferte Jugend darf niemand zu große Freiheit eingeräumt werden.«

In diesen Zusammenhang gehört auch ein beredtes Zeugnis aus der Spätzeit des Römischen Reiches. Es stammt vom Kirchenvater Augustin (gest. 430 n. Chr.), der in den »Bekenntnissen« auf seine Kindheit zurückblickt: »Ich flehte zu dir in meinem Kinderherzen zutiefst erregt, ich möchte doch in der Schule keine Prügel bekommen.« Und weiter heißt es bei ihm: Die Älteren, sogar die eigenen Eltern »lachten ... über die Hiebe, unter denen ich damals so schwer zu leiden hatte.« Zu dieser Schilderung passt die Redewendung der Römer »die Hand unter dem Stock wegziehen«, mit der sie die Schulentlassung umschrieben. Der Stock oder die Rute stellten somit wichtige Erziehungsmittel dar, um die Kindheit zu überwinden und aus den Heranwachsenden Menschen im vollwertigen Sinn werden zu lassen.

Die Bildung der Mädchen galt zur Zeit des Neuen Testaments wenig, wenn man von den Autoren ausgeht, die sich damit beschäftigen. Die wenigen Schriftsteller, die sie thematisieren, verlangen eine differenzierte Bildung, die den jeweiligen Anlagen von Jungen und Mädchen entspricht. Die gleiche Ausbildung sollten die Jungen und Mädchen nach Musonius (gest. 100 n. Chr.) jedoch im Hinblick auf die Sittsamkeit erhalten. Entsprechend heißt es bei ihm: »Dass aber die Tugenden des Mannes nicht andere sind als die der Frau, lässt sich leicht begreifen. Verstand haben muss der Mann, doch ebenso sehr die Frau ... Und gerecht sein im Leben müssen beide Geschlechter.«

Wie war es um die sozialen Verhältnisse und Bedingungen bestellt, in denen Kinder aufwuchsen? Zunächst unterscheidet die antike Welt zwischen Freien und Unfreien. Unfreie – Sklaven also – und deren Kinder hatten nur dann Zugang zur Bildung, wenn es ihre Herren erlaubten, was selten vorkam. Dann jedoch konnten sie es weit bringen. Im Gegensatz zur reichen Oberschicht blieb der großen Masse der Kleinbauern, Landarbeiter, Händler, Handwerker und Tagelöhner und deren Kindern Bildung weitgehend vorenthalten. In diesem Zusammenhang bedauert es Plutarch ausdrücklich, dass breite Schichten der Bevölkerung für seine pädagogische Schrift »Von der Erziehung der Kinder« keine Verwendung hätten.

Nicht zutreffen dürfte die weit verbreitete Auffassung, wonach Familien im Römischen Reich jener Jahrzehnte viele Kinder hatten. So wichtig Kinder waren – schon wegen der Versorgung im Alter –, so müssen wir doch davon ausgehen, dass schon seit dem ersten Jahrhundert v. Chr. in den einzelnen Familien kaum mehr als zwei oder drei Kinder großgezogen wurden. Ursache dafür war die Armut. Die Folge war, dass viele Kinder ausgesetzt wurden.

Parallel dazu findet sich jedoch eine Reihe von Zeugnissen, die auf eine liebevolle und innige Beziehung zu Kindern hinweisen. Dies geht aus den folgenden Grabinschriften hervor:

»Julianus heiße ich, nur sieben Monate Leben waren mir vergönnt, sehr geweint haben meine Eltern um mich.«

»Hier liegt Opata im Grabe, die nur drei Sommer erlebte. Zunge und Händchen so lieb, keine besaß sie wie sie.«

Zu erklären ist die Widersprüchlichkeit im Umgang mit Kindern mit den unterschiedlichen wirtschaftlichen Verhältnissen, in denen Kinder aufwuchsen. Nur die Reichen konnten sich Grabstätten für Kinder leisten, die mit Grabsteinen und den entsprechenden Inschriften versehen waren. Für die ärmere Bevölkerung mischte sich in die Trauer um den Tod eines Kindes wohl auch Erleichterung über die wirtschaftliche Entlastung.

Die hohe Kindersterblichkeit, nicht nur bei Kleinstkindern, führte – offenbar – zu einem ausgeprägten Nachdenken über Verlust und Abschied – sicher nicht nur bei den Reichen. Viele Trostbriefe sind erhalten, in denen auf die Sterblichkeit alles Irdischen hingewiesen wird und darauf, dass Schicksale nicht beeinflussbar seien und auch nicht beeinflusst werden sollten. Von daher stehe eine zu weit gehende Kinderliebe dem Gebildeten nicht gut an. Plinius d.J. (gest. um 113 n. Chr.) tadelte einen trauernden Vater in seiner Bekanntschaft: »Er ist sonst ein aufgeklärter, vernünftiger Mann – hat er sich doch von Jugend auf den edleren Künsten und Wissenschaften gewidmet – aber jetzt weist er alles oft Gehörte und Gesagte von sich, schlägt alle anderen Tugenden in den Wind und gibt sich ganz der Kindesliebe hin.«

Im Gegensatz zu diesen Vorstellungen wurde Kindern im Bereich von Religion und Kunst eine Sonderrolle zugewiesen, die ihnen sonst wohl im Leben nicht zukam. Sie galten als rein, keusch, unschuldig, sexuell nicht anrüchig und deshalb als Lieblinge der Götter. Sie wurden als Medium für magische Handlungen benutzt oder als

Mittler zu den Göttern, um Bestrafungen zu entgehen oder die besondere Gunst der Götter zu erlangen. In Notzeiten veranstaltete man vielerorts Kinderprozessionen, um die Götter zur Barmherzigkeit zu bewegen.

Zusammenfassend können wir festhalten:

- Das Lebensrecht der Kinder hing vom Gutdünken des Hausvaters ab.
- Die Kindheit selbst gestaltete sich weitgehend nach den wirtschaftlichen Gegebenheiten, in die ein Kind hineingeboren wurde.
- Es finden sich Zeugnisse sowohl großer Zuwendung zu Kindern als auch von Kindesaussetzungen, die maßgeblich durch die Armut bestimmt waren.
- Der Umgang mit Kindern orientierte sich in erster Linie an der Vorstellung, dass erst der Erwachsene im wahren Sinne des Wortes ein Mensch sei.
- Als Erziehungsmittel war die Prügelstrafe weit verbreitet.
- In Religion und Kunst konnten die Kinder eine Sonderstellung einnehmen, insofern sie als rein, unschuldig und als Lieblinge der Götter angesehen wurden.

Antikes Judentum

Alles bisher Genannte war in der Umwelt Jesu und der ersten Christen anzutreffen. Palästina gehörte zum Römischen Reich. Hellenistisches Denken und hellenistische Kultur waren vielfach präsent. Dennoch ist es notwendig, neben dem hellenistischen Verständnis auch nach dem Umgang mit Kindern im antiken Judentum zu fragen.

Die beiden zentralen Begriffe für jüdisches Denken und Handeln sind »Bund« und »Gesetz«. Dabei ist festzuhalten: Kinder sind die Grundlage des Bundes Gottes mit seinem Volk, der Inbegriff der Verheißung und der Treue

Gottes. In der Erzählung von Abraham, dem Stammvater Israels, ist die Geburt des Sohnes der Beleg für die Zuverlässigkeit Gottes (1. Mose 17). Entsprechend steht in den Psalmen: »Kinder sind eine Gabe des Herrn und Leibesfrucht ist ein Geschenk« (Ps 127,3).

Die Geburt eines Kindes, besonders die eines Sohnes, gilt als Segen. Wo viele Kinder sind, da ist viel Segen, zumal sie es sind, die den Fortbestand des Volkes garantieren. Wer keinen Sohn zeugt, dessen Name erlischt. Kinderlosigkeit ist damit sowohl ein soziales als auch ein theologisches Problem. Entsprechend löste die Geburt eines Sohnes größere Freude aus als die eines Mädchens. Gerade in hellenistischer Zeit trat die patriarchalische Grundstruktur der jüdischen Gesellschaft und die Vorordnung des männlichen Geschlechts, besonders in religiösen Angelegenheiten, deutlich hervor.

Man kann sich leicht denken, dass aufgrund der besonderen Bedeutung, die Kindern theologisch beigemessen wurde, in Israel weder Empfängnisverhütung noch Kindesaussetzung in Frage kamen – ein wichtiger Unterschied zur hellenistischen Umgebung. Viele jüdische Philosophen haben sich in diesem Zusammenhang kritisch mit den anderen Völkern auseinandergesetzt.

Die Söhne traten am achten Tag durch die Beschneidung in den Bund Gottes mit seinem Volk ein. Von daher wird das Psalmwort verständlich, dass auch Kinder und Säuglinge Gott preisen können (vgl. Ps 8). Es handelt sich dabei um keine idealisierte Aussage, sondern ist Ausdruck der Zugehörigkeit aller zu dem einen erwählten Volk. Die Jungen waren von klein an Teilnehmer an Gottesdiensten und Festen des Bundes.

Daneben nahmen sie auch am Pilgerzug nach Jerusalem teil. So wird auch von Jesus überliefert, dass er als Zwölfjähriger mit seinen Eltern Jerusalem besuchte (vgl. Lk 2,41–56).

Aufgrund der Zugehörigkeit selbst kleiner Kinder zu dem Bund, den Gott mit seinem Volk geschlossen hat, wird verständlich, dass den heranwachsenden Kindern, zumal den Söhnen, die Gebote und die Verheißungen Gottes eingeschärft werden sollten. Darüber informiert u. a. auch der folgende Text:

»Und diese Worte, die ich dir heute gebiete, sollst du zu Herzen nehmen und sollst sie deinen Kindern einschärfen und davon reden, wenn du in deinem Hause sitzt oder unterwegs bist, wenn du dich niederlegst oder aufstehst« (5. Mose 6,6–7).

Wir erkennen hier einen Traditionszusammenhang, den die Nachbarvölker nicht kannten: eine nachhaltige Bindung an die Geschichte, die den Umgang der Generationen miteinander prägte. Die Kinder sollten die Weisungen sowohl kennen als auch befolgen, deshalb mussten sie sie lernen. Es ist klar, dass sich daraus ein besonderes Verständnis der Erziehung ergibt. Die Väter erziehen die Söhne, so wie Jahwe sein Volk erzieht. Entsprechend heißt es wiederum im Deuteronomium: »So erkennst du ja in deinem Herzen, dass der HERR, dein Gott, dich erzogen hat, wie ein Mann seinen Sohn erzieht. So halte nun die Gebote des HERRN, deines Gottes, dass du in seinen Wegen wandelst und ihn fürchtest« (5. Mose 8,5f).

Das hebräische Wort für »erziehen« ist *jasar*. Es bedeutet zugleich auch »auspeitschen« und »züchtigen«. Damit ist klar, wie das Lernen vor sich ging. Gehorsam war eine grundlegende Tugend in Israel. Und das 5. Buch Mose kennt für einen rebellischen Sohn die Strafe der Steinigung. Ziel der Erziehung ist nicht das Erreichen eines Ideals wie in der hellenistischen Welt, sondern das Bleiben im Bund. Das sieht man an den Klagen Gottes über den Abfall und an angedrohten Züchtigungen: »Höret, ihr Himmel und Erde, nimm zu Ohren, denn der Herr redet! Ich habe Kinder großgezogen und hochgebracht, und sie sind von mir abgefallen! Ein Ochse kennt seinen Herren und ein Esel die Krippe seines Herren; aber Israel kennt's nicht, und mein Volk versteht's nicht« (Jes 1,2–3).

Zusammenfassend können wir folgende Punkte als wesentliche Grundlage der jüdischen Erziehung festhalten:

- Die Weitergabe des Heilshandelns Gottes in der Geschichte des Volkes an die nachfolgenden Generationen.
- Das Einüben und Halten der Gebote als Ausdruck der Bundesverpflichtungen.

Für das Alltagsleben der Kinder ist die Frage nach dem Schulwesen in Israel aufschlussreich. Zunächst lag das Hauptgewicht der Erziehung auf dem häuslichen Unterricht. Das gilt auch noch in der neutestamentlichen Zeit. Daneben gab es ab dem vierten Jahrhundert v. Chr. ein Schulwesen in organisierter Form. Gebunden war dies an die Priester. Mit der Entstehung von Synagogen konnte der Unterricht später überall im Lande stattfinden. Dennoch ist aus wirtschaftlichen Gründen kaum davon auszugehen, dass der Unterricht in der Synagoge von Handwerker- und Bauernkindern besucht werden konnte. Er war der Oberschicht vorbehalten. Mit fortschreitender Hellenisierung entstanden nach griechischem Vorbild einerseits Gymnasien für die Kinder der Oberschicht, andererseits intensivierten die Kritiker der Hellenisierung die Weitergabe der Überlieferung und die Einschärfung der Gebote. Träger dieser Bewegung waren die Pharisäer. Ihnen ging es darum, möglichst viele Kinder aus allen Schichten des Volkes zu erreichen.

Das Erlernen des Lesens und Schreibens geschah anhand der fünf Bücher Mose, im Judentum »Tora« genannt. Dass Jesus als Sohn eines Handwerkers offensichtlich über sehr gute Kenntnis der Tora verfügte, ist einerseits Beleg für die Hellenisierung, mit der die weite Welt auch nach Galiläa kam, und andererseits Zeugnis für die nachhaltige Ausbreitung jüdischer Tradition im Volk.

Da wir aus dem Alltag der einfachen Menschen nur wenig wissen, sind sichere Aussagen über die Stellung der Kinder nur mit Vorsicht zu treffen. Man kann aber mit einiger Zurückhaltung sagen, dass im Judentum die Relativierung der Kindheit zugunsten des Erwachsenseins nicht so groß war wie in der hellenistischen Kultur. Gewiss ist, dass die Schulbildung auf die Tora konzentriert war. Musik, Rhetorik und Sport spielten im Gegensatz zur hellenistischen Bildung wohl kaum eine Rolle.

Das Ideal der Erziehung war die Charakterbildung. In der Praxis hat dabei die körperliche Züchtigung eine große Rolle gespielt. Dafür sprechen viele Bemerkungen im Alten Testament. Dies ist vor dem Hintergrund zu sehen, dass der Weg Israels mit seinem Gott als Prozess der Erziehung verstanden wurde, bei dem es nicht ohne Züchtigung abgegangen war.

Das Ende der Kindheit war mit der Geschlechtsreife gegeben. Die Jungen wurden ab diesem Zeitpunkt vollberechtigte Mitglieder der Gemeinde und damit der Gesellschaft. Auch Jesus wird aus diesem Grunde in der von Lukas überlieferten Szene als Zwölfjähriger in den Tempel gekommen sein.

Zusammenfassend können wir festhalten:

- Die Kindheit im Umfeld des Neuen Testaments war anders als die Kindheit heute. Eine ausgedehnte eigenständige Kindheitsphase gab es nicht.
- Die Kinder waren in die Welt der Erwachsenen und damit in die Arbeit und den Überlebenskampf einbezogen.
- Die Bildung wurde – der hellenistischen Tradition folgend – als Überwindung der Kindheit auf dem Weg zur eigentlichen Menschwerdung verstanden.
- Die jüdische Tradition hob den Eigenwert des Kindes als Segen Gottes hervor. Damit war die Aufgabe verbunden, die Kinder an die Tora heranzuführen und sie zum Gesetzesgehorsam anzuleiten.
- Die körperliche Züchtigung war selbstverständliches Mittel der Erziehung.

Kinder in der Botschaft Jesu und in den Evangelien

In den Schriften des Neuen Testaments ist nur gelegentlich von Kindern die Rede. Sie sind weder als Leser der Bibel im Blick noch als handelnde Personen mit erkennbarer Biographie. Konkrete Kinderschicksale kommen daher nicht vor. Die Kindheitsgeschichten Jesu bei Lukas und Matthäus stellen in diesem Zusammenhang Ausnahmen dar. Umso mehr fielen schon immer einige Jesusworte bzw. Jesusgeschichten aus den drei ersten Evangelien auf und rückten immer wieder in den Mittelpunkt des Interesses. Im Einzelnen sind zu nennen:

- die Kindersegnung (Mk 10,13–16)
- das bei Markus und Lukas, nicht aber bei Matthäus in die Kindersegnung hinein verwobene Wort von den Kindern als Vorbild (Mk 10,15)
- die Verse vom »Kind in der Mitte« und von der »Aufnahme des Kindes« (Mk 9,36 und Parallelen)
- die Kinder und die Unmündigen im Tempel (Mt 21,14–16)
- das Gleichnis vom misslungenen Spiel der Kinder (Mt 11,16–19 – Parallele Lk 7,31–35)
- der Jubel über die Offenbarung an die Unmündigen (Mt 11,25 – Parallele Lk 10,21)
- die Bedeutung der »Kleinen«, die man nicht verachten soll (z. B. Mt 18,10).

Weiterhin begegnen uns Kinder in den neutestamentlichen Wundergeschichten. Besonders genannt sein sollen die Geschichten

- vom Hauptmann von Kapernaum (Mt 8,5–13 – Parallelen Lk 10,1–7 und Joh 4,46–53)
- von der Heilung des epileptischen Jungen (Mk 9,14–29 und Parallelen)

- von der Auferweckung der Tochter des Jaïrus (Mk 5,21–43 und Parallelen)
- und schließlich die Heilung eines Kindes in der Perikope von der Syrophönizierin (Mk 7,24–30 und Mt 15,21–28).

Einige Texte werden wir im Folgenden näher betrachten.

Kindersegnung (Mk 10,13–16)

[13] Und sie brachten Kinder zu ihm, damit er sie anrührte. Die Jünger aber fuhren sie an. [14] Als es aber Jesus sah, wurde er unwillig und sprach zu ihnen: Lasst die Kinder zu mir kommen und wehret ihnen nicht; denn solchen gehört das Reich Gottes. [15] Wahrlich, ich sage euch: Wer das Reich Gottes nicht empfängt wie ein Kind, der wird nicht hineinkommen. [16] Und er herzte sie und legte die Hände auf sie und segnete sie.

V. 13: Kinder werden zu Jesus gebracht. Wir erfahren nicht, wer die Kinder bringt. Deutlich ist jedoch, dass es bei der Begegnung mit Jesus um mehr geht als um einen freundschaftlichen Besuch. Er soll die Kinder segnen. Es geht um Heil, vielleicht auch Heilung. Es sind Kinder verschiedenen Alters, wohl auch Mädchen. In der gleichen Geschichte bei Lukas sind es Säuglinge.

Die Jünger wollen die Begegnung nicht. Wir wissen nicht, warum. Es ist nicht unbedingt gesagt, dass die Jünger hier die vorherrschende Meinung der Gesellschaft gegenüber Kindern repräsentieren, die Jesus durch sein Handeln durchbricht, aber es ist möglich. Vielleicht wollen sie Jesus auch vor magischen Wünschen, nämlich dem Wunsch nach Berührung, in Schutz nehmen, wie einige Kommentatoren meinen. Andere Ausleger vertreten die Auffassung, in den Jüngern werde durch die Evangelisten eine Gruppe in der frühen Gemeinde abgebildet, die Probleme mit der Offenheit Jesu gegenüber Kindern hatte.

V. 14: Jesus wird unwillig. Dafür steht das griechische Wort »aganaktein«, das nur an dieser Stelle über das Verhalten Jesu ausgesagt wird. In der lateinischen Übersetzung heißt es »indignare«. Jesus war demnach indigniert. Die Kinder sollen kommen, denn das Reich Gottes gehört ihnen – ein gewaltiges Wort. Nicht wegen ihrer Reinheit oder ihres kindlichen Vertrauens dürfen sie kommen, sondern *weil* das Reich Gottes ihnen gehört. In diesem einen Satz sagt Jesus den Kindern die unbedingte Nähe Gottes zu und gibt sich zugleich als Vertreter der Gottesherrschaft, des Reiches Gottes zu erkennen. Wer zu Jesus kommt, dem begegnet Gott.

V. 16: Und dann wird etwas Besonderes über Jesus gesagt: Er schließt die Kinder in seine Arme. Er »herzt sie«, wie Martin Luther übersetzt. Und er segnet sie. Nur zweimal umarmt Jesus im Neuen Testament Menschen – diese Kinder (aber nur bei Markus) und das Kind, das er nach Mk 9 in die Mitte der Jünger stellt. Durch seine Handlung unterstreicht er, was er mit seinem Wort meint: Das Reich Gottes kommt zu ihnen als etwas Bergendes, Annehmendes. Eine interessante Frage ist, warum Matthäus und Lukas diese Umarmung nicht aus dem Markus-Text übernehmen. War sie ihnen peinlich?

Vers 15 haben wir übersprungen. Er gehört wohl nicht zur ursprünglichen Geschichte und wurde später eingefügt. Matthäus erzählt die Geschichte ohne diesen Vers. Er ändert die Perspektive und gelangt zu einer wichtigen Verallgemeinerung. Denn bei ihm geht es nicht um das Kommen und Besitzen des Reiches Gottes, sondern um das Empfangen. So wie die Kinder muss man Gottes Reich empfangen, sonst kommt man nicht hinein. Dies klingt fast wie eine Drohung. Damit ist das Geschehen deutlich verschärft. Jesus nimmt nicht nur gegen den Willen der Jünger die Kinder an, sondern er weist zugleich darauf hin, dass sie selbst den Kindern gleich werden sollen, um das Gottesreich zu empfangen. Was ist damit gemeint? Will Jesus auf die unbedingte Offenheit, vielleicht auch die Neugier oder das Bewusstsein, auf Gott angewiesen zu sein, hinweisen? Dies ist vielleicht der Fall. Falsch wäre sicher die Annahme, dass Jesus die Kinder idealisieren wollte. Dafür war er viel zu sehr mit ihrem Alltag vertraut. In Vers 15 werden die Kinder zur Metapher. Metaphern enthalten keine immer gültigen Wahrheiten, sondern sie laden zur Wahrheitssuche ein. Indem Jesus die Kinder als Metapher benutzt, wird offenbar, dass uns hier ein spürbarer Unterschied zum Denken der jüdischen und hellenistischen Umwelt begegnet, die als Voraussetzung aller wichtigen Dinge im Leben gerade das Ablegen des Kindlichen und das Herausgehen aus der Kindheit sah.

Sicher nicht zufällig redet Jesus noch im gleichen Kapitel die Jünger mit »Kinder« an (Mk 10,24). Dies ist ein deutlicher Hinweis darauf, dass den Kindern das Reich Gottes besonders nahe ist – und dann allen, die wie Kinder offen sind für Gott und wissen, dass sie Gottes Nähe weder durch religiöse Kraft noch durch geistige Reife herbeiführen können. Der Eintritt ins Himmelreich steht nicht am Ende langwieriger Bemühungen, die zumindest erst einmal aus dem Kind einen Erwachsenen gemacht haben müssen. Mit dem Eintritt in das Himmelreich ist es wie mit einem Geschenk, das man vorbehaltlos annehmen muss und darf. So erweist sich Mk 10,13–16 neben seinen Parallelen bei Matthäus und Lukas als ein zentraler Text des Evangeliums.

Wer ist der Größte? (Mk 9,33–37)

33 Und sie kamen nach Kapernaum. Und als er daheim war, fragte er sie: Was habt ihr auf dem Weg verhandelt? 34 Sie aber schwiegen; denn sie hatten auf dem Weg verhandelt, wer der Größte sei. 35 Und er setzte sich und rief die Zwölf und sprach zu ihnen: Wenn jemand will der

Erste sein, der soll der Letzte sein von allen und aller Diener. [36] Und er nahm ein Kind, stellte es mitten unter sie und herzte es und sprach zu ihnen: [37] Wer ein solches Kind in meinem Namen aufnimmt, der nimmt mich auf; und wer mich aufnimmt, der nimmt nicht mich auf, sondern den, der mich gesandt hat.

Auch dieser Abschnitt hat Parallelen bei Lukas (9,46–48) und bei Matthäus (18,1–5). Trotz manch interessanter Abweichungen dort begnügen wir uns damit, den Markus-Text etwas genauer anzuschauen.

V. 33–34: Es geht in diesen Versen um gesellschaftliche Positionen und Rangvorteile. Die Jünger haben darüber geredet und schämen sich wohl deswegen. Sie sagen es Jesus nicht, der aber gibt ihnen auf ihre Fragen eine Antwort durch eine Zeichenhandlung.

V. 35: Zunächst stellt Jesus mit einer Art Weisheitsspruch klar, dass es sich seiner Meinung nach ganz anders verhält mit den Großen und den Kleinen, als die Jünger vermutlich meinen: der Letzte, der allen dient, der steht an erster Stelle, sicher nicht in der Welt, aber bei Jesus. Und wie wird dies illustriert?

V. 36: Er nimmt ein Kind – es kann ein Junge oder ein Mädchen sein – und stellt es in die Mitte. Dies ist mit Bedacht gesagt, denn Kinder standen eigentlich nicht in der Mitte, schon gar nicht in der Mitte der Erwachsenen. Sie standen buchstäblich und im übertragenen Sinn am Rande. Und Jesus umarmt es. Dies ist zunächst die Antwort: Ein Kind ist solch ein Letztes, solch eines, das allen dient. Dies ist ein Gleichnis, aber zugleich auch ein starkes Votum für die Kinder und ihre gesellschaftlich schwache Stellung. Zudem wird unübersehbar das übliche Lehrer-Schüler-Verhältnis umgekehrt. Die Erwachsenen haben etwas von diesem Kind zu lernen.

V. 37: Dies wäre schon beachtlich genug. Aber Jesus lässt es nicht dabei bewenden. In dem anschließenden Spruch identifiziert er sich mit den Kindern. Wir erinnern uns vielleicht an die Erzählung vom Weltgericht bei Matthäus (25,31–46): die Nackten, die Hungernden, die Kranken und die Fremden – wer sich um sie kümmert, kümmert sich um Jesus. So ähnlich ist das hier. Die Kinder, schwach und rechtlos, sind nicht nur in Wahrheit die Ersten, sie sind auch Menschen, in denen Jesus anwesend ist, um aufgenommen oder abgewiesen zu werden. Dieses »Aufnehmen« ist zunächst ein gleichnishafter Begriff. Wer sich mit Kindern im Namen Jesu identifiziert, der identifiziert sich mit Jesus und dadurch mit Gott. Es kann aber auch konkret gemeint sein: Wer eines der vielen ausgesetzten Kinder aufnimmt, der nimmt auch Jesus auf.

Auch dieser Abschnitt gibt viel zu erkennen von der Art, wie Jesus über Kinder dachte, aber auch von der Art, wie er über Gott dachte. In dieser doppelten Hinsicht wich er von der Tradition ab. Gerade der Vers 37 klingt heute kaum weniger herausfordernd als damals.

Mit diesen beiden Texten haben wir uns die Kerntexte angeschaut. Von den weiteren Belegstellen, in denen Kinder eine Rolle spielen, wählen wir noch zwei weitere aus.

Tempelreinigung (Mt 21,14–16)

14 Und es gingen zu ihm Blinde und Lahme in den Tempel, und er heilte sie. 15 Als aber die Hohenpriester und Schriftgelehrten die Wunder sahen, die er tat, und die Kinder, die im Tempel schrien: Hosianna dem Sohn Davids!, entrüsteten sie sich 16 und sprachen zu ihm: Hörst du auch, was diese sagen? Jesus antwortete ihnen: Ja! Habt ihr nie gelesen (Ps 8,3): »Aus dem Munde der Unmündigen und Säuglinge hast du dir Lob bereitet«?

Die Tempelreinigung wird in allen vier Evangelien geschildert, jedesmal in anderen Zusammenhängen. Nur bei

Matthäus schließt sich an die Austreibung der Verkäufer und Käufer ein Bericht über Heilungen im Tempel und über das Lob der Kinder an. Das Lob der Kinder muss dem Aufbau des Abschnitts gemäß mit der Heilung der Blinden und Lahmen zu tun haben. Diese Heilung wiederum ist Zeichen des endzeitlichen Heilwerdens und dem entspricht auch der Inhalt des Rufes: »Hosianna dem Sohn Davids«. Dabei handelt es sich um einen Anruf des Messias, der in gleichen Worten bereits wenige Verse früher beim Einzug Jesu in Jerusalem zu lesen war.

Im Tempel erfahren die am Rand Lebenden Heil und Rettung. Beides ist im jüdischen Denken nicht zu trennen. Und die Kinder, ebenfalls am Rand Lebende, erkennen es und stimmen den Lobpreis an. Durch den Hinweis Jesu auf das Psalmwort wird dieses Geschehen qualifiziert und legitimiert. Die enge Verbindung von Kranken, Unmündigen und Kindern ist ein Anliegen des Matthäus. Sie erfahren und erkennen in besonderer Weise das endzeitliche Heil, das mit Jesus gekommen ist.

Dieser Zusammenhang begegnet uns bei Matthäus noch einmal im Kapitel 11. Dort heißt es: »Blinde sehen und Lahme gehen, Aussätzige werden rein und Taube hören, Tote stehen auf, und Armen wird das Evangelium gepredigt ... Ich preise dich, Vater, Herr des Himmels und der Erde, weil du dies den Weisen und Klugen verborgen hast und hast es den Unmündigen geoffenbart«. Hier stehen die Kinder nicht den Priestern gegenüber, sondern den Weisen. Beide sind Vertreter der Erwachsenenwelt und gesellschaftlich bedeutsame sowie religiös prägende Gruppen. Nicht sie erkennen das Heil, sondern die unmündigen Kinder!

Der Menschensohn (Mt 11,16–19)

16 Mit wem soll ich aber dieses Geschlecht vergleichen? Es gleicht den Kindern, die auf dem Markt sitzen und rufen den anderen zu: 17 Wir haben euch aufgespielt, und ihr wollt nicht tanzen; wir haben Klagelie-

der gesungen, und ihr wollt nicht weinen. [18] Johannes ist gekommen, aß nicht und trank nicht; so sagen sie: Er ist besessen. [19] Der Menschensohn ist gekommen, isst und trinkt; so sagen sie: Siehe, was ist dieser Mensch für ein Fresser und Weinsäufer, ein Freund der Zöllner und Sünder! Und doch ist die Weisheit gerechtfertigt worden aus ihren Werken.

Diese Geschichte hat, ebenso wie ihre Parallele im Lukasevangelium (Lk 7,31–35) von einem misslungenen Spiel, viele interessante Aspekte. Uns geht es jedoch in erster Linie um die Kinder, die hier erwähnt werden. Was sie anbelangt, so ist dieser Text ein Zeugnis dafür, dass die Bewertung der Kinder durch Jesus nichts Romantisches an sich hat. Vielmehr sind sie der Vergleichspunkt für »dieses Geschlecht« – eine Formulierung, die in der Bibel in der Regel einen negativen Klang hat. Ein Spiel, das nicht so läuft, wie es soll – und so ist es mit diesem Geschlecht, sagt Jesus. Sie kommen nicht dazu, das zu tun, worauf es ankommt. Damit wird deutlich: Bei euch ist es nicht anders als bei den Kindern, die ihr doch als minderwertig anseht. Zugleich weist Jesus darauf hin: Die Kinder sind keine Ausnahme von der allgemeinen Problemlage. Auch sie verstehen nicht immer, was gemeint ist und worauf es ankommt. Dies ist ein realistisches Wort über Kinder, das vielleicht hilft, das besser einzuordnen, was Jesus über die Kinder und ihre besondere Nähe zu Gott und zu seiner Herrschaft verkündigt. Es geht darin wohl kaum um eine allgemeine Glorifizierung von Kindern bei gleichzeitiger Herabsetzung der Erwachsenen.

Die oben aufgeführten Wunder- bzw. Heilungsgeschichten sollen nun nicht im Einzelnen vorgestellt werden. Sie veranschaulichen an konkreten Beispielen, dass Jesus von der nahenden Gottesherrschaft auch Heil und Heilung für die Kleinen, für Mädchen nicht anders als für Jungen, erwartet, die nach den Vorstellungen der Erwachsenen doch erst noch richtige Menschen werden müssten. Bei Markus ist es bemerkenswert, dass sich alle Berichte von

Heilungswundern an Kindern vor dem zentralen Ausspruch von Mk 10,15 finden. Das lässt den Schluss zu: Ehe Jesus Kinder und die Gottesherrschaft zusammenbringt, hat er nach Markus schon mehrfach auf die Wichtigkeit des einzelnen Kindes hingewiesen.

Zusammenfassend können wir festhalten:

- Das Votum Jesu für die Kinder, das die Evangelien aufnehmen, ist ungewöhnlich massiv. Es ist zwar kein Hauptthema der Evangelien, aber wir begegnen einem vernehmlichen Einwand gegen die Gesellschaft, die Kinder als minderwertig betrachtete und sie rechtlos ließ – minderwertig und rechtlos vor allem auch im religiösen Bereich Gott gegenüber.
- Jesus verstärkt, was das Volk Israel vor ihm ahnte: Kinder sind nicht ausgeschlossen vom Gotteslob. Das Gegenteil ist der Fall. Er rückt Kinder in Schlüsselsituationen in den Mittelpunkt und weist ihnen Rollen zu, die sonst nur Erwachsene haben. Er nennt sie vollwertige und bevorzugte Partner Gottes.
- Die Verkündigung und das Wirken Jesu nimmt Kritik an einer Kultur, die Kinder an den Rand drängt und ausgrenzt. Zugleich betont sie die besondere Nähe Gottes zu den Kindern und der Kinder zu Gott.
- Bei Jesus findet sich keine Romantisierung oder Glorifizierung der Kindheit oder von Kindern. Er zeichnet ein realistisches Bild von ihnen, ohne dass dadurch die besondere Rolle, die er ihnen zuweist, geschmälert würde.

Die Christen des ersten Jahrhunderts und die Kinder in ihrer Mitte

Wenn wir die Evangelien lesen, dann beschäftigen wir uns mit Berichten, die bereits aus der zweiten Hälfte des ersten Jahrhunderts stammen. Sie haben die Worte und Zeugnisse vom Wirken Jesu aufgenommen und enthalten das eben skizzierte Bild von Jesus und den Kindern. Zugleich aber lassen sie ahnen, wie die Christen der ersten Generationen mit der Botschaft Jesu und seinem Verhalten gegenüber Kindern umgegangen sind. Es lohnt sich, genauer nachzufragen, was die Evangelisten bewegte, als sie Jahrzehnte nach Karfreitag und Ostern jene ungewöhnlichen Passagen über Jesus und die Kinder aufzeichneten. Zwei Aspekte sind es, die sich hinter den Texten verbergen:

- Die ersten Nachfolger Jesu waren vermutlich in einer Wanderbewegung organisiert. Sie besaßen weder einen festen Wohnsitz noch hatten sie Familien. Sobald Menschen Christen wurden, die ihre Familien nicht im Stich lassen wollten, stellte sich für sie die Frage, wie es um die Beziehung der Kinder zum christlichen Glauben stand. Die erwähnten Texte der Evangelien sind starke Voten für eine sesshafte Gemeinde und eine Gemeinde von Erwachsenen *und* Kindern.
- Sicher wurde bald die Frage nach der Taufe wichtig. Von Anfang an war die Taufe eng mit der »Annahme des Wortes« verbunden. Wie sollte angesichts dessen mit den Kindern verfahren werden? Möglich wäre gewesen, die Kinder in Analogie zu ihrer Position in der Gesellschaft in der Gemeinde als »Lernende« zu behandeln und sie so nach und nach die Voraussetzungen zum vollständigen Christsein und also auch zur Taufe erwerben zu lassen. Dagegen standen freilich die Worte und das Beispiel Jesu, der die Kinder in die Mitte der Erwachsenen gerückt hatte. Diesen Umstand konnte die

Gemeinde kaum unberücksichtigt lassen. Dennoch müssen die einschlägigen Texte der Evangelien nicht zwingend so gelesen werden, als plädierten sie für die Kindertaufe. Ihr Aussageziel könnte auch gerade das Gegenteil sein: ›Kinder sind auch ohne Taufe schon nahe bei Gott. Es tut ihrem Rang keinen Abbruch, wenn sie erst Schritt für Schritt in die Gemeinde und in den Glauben hineinwachsen‹. Andererseits gehörten Kinder so selbstverständlich zu ihren Eltern, vor allem zu ihren Vätern, dass die Taufe Erwachsener wohl häufig wie von selbst auch die Taufe der im Haus lebenden Kinder mit sich gebracht haben dürfte.

Auch wenn wir über Vermutungen nicht hinauskommen, dürfen wir davon ausgehen, dass es für die Christen der ersten Generationen – Judenchristen und Heidenchristen gleichermaßen – nicht leicht war, in ihren Gemeinden aufgrund ihrer kulturellen Prägungen das zu verwirklichen, was Jesus ihnen bezüglich der Kinder und ihres Verhältnisses zu Gott vor Augen geführt hatte. Dennoch verschwiegen sie es nicht, sondern beharrten entgegen der gängigen Praxis und Überzeugung darauf, dass Kindern eine wichtige Rolle zukommt und dass sie zu Gott gehören, in gleicher Weise wie die Außenseiter, die Unmündigen und die Schwachen, die in der Gemeinde ebenfalls eine Heimat finden sollten.

Die früheren und die späteren neutestamentlichen Briefe geben Zeugnis davon, dass die Gemeinden der Herausforderung Jesu und den praktischen Konsequenzen aus dem Bekenntnis zu Jesus Christus als ihrem Herrn nicht auswichen. Zugleich mussten sie aber um diese Konsequenzen ringen in einer Umwelt, in der anders gedacht und gelebt wurde, als sie es von Jesus gehört hatten.

In den Briefen des Paulus und in den anderen Briefen geht es im Wesentlichen um akute Fragen und Probleme der Gemeinden. Deshalb kann man bezüglich der Kinder keine grundsätzlichen Abhandlungen erwarten. Dennoch gibt es einige Texte, die für unsere Fragestellung von besonderer Bedeutung sind. Dazu gehört vor allem neben Teilen der Briefe an die Epheser und an die Kolosser die Passage 1. Kor 7,14, die besondere Aufmerksamkeit verlangt. Im Zentrum dieser Texte findet sich das »Haus« (griech. *oikos*) oder die Hausgemeinschaft, die sowohl dem griechischen als auch hebräischen Denken eigentümlich sind. Die Sozialgeschichte kennt den Begriff »Oikos-Gesellschaft« als Kennzeichen der antiken Gesellschaftsstruktur. Gemeint ist damit – wie oben bereits skizziert – die um den Hausvater versammelte Gemeinschaft.

Das Neue Testament setzt diese für die Antike selbstverständliche Vorstellung vom Haus voraus und stellt sie nicht grundsätzlich in Frage, so dass der Übertritt eines Hausvaters zum christlichen Glauben keine Folgen für seine Frau und seine Kinder haben musste. Insofern hatte das patriarchalische System der antiken Gesellschaft auch für die frühen Christengemeinden Bedeutung. Väter als Familienvorsteher handelten auch bei einer Entscheidung für den christlichen Glauben stellvertretend für die Familie. Kinder als eigenständige Subjekte konnten so aus dem Blick geraten. Dass dies so Praxis war, darauf deuten die sogenannten »Oikos-Formeln« hin, die davon Zeugnis geben, dass »Häuser«, also Familien, die Sozialstruktur der frühen christlichen Gemeinden bestimmten und zugleich Ausgangspunkt und Sammelpunkt der Gemeinden waren. Dies geht aus der Stelle aus dem Römerbrief hervor, in der es heißt: »Grüßt die Priska und den Aquila ... grüßt auch die Gemeinde in ihrem Hause.« (Röm 16,3.5) Dennoch verschwanden die Kinder nicht einfach hinter ihren Vätern. Denn ihre Lebensrechte galten unter den Christen deutlich mehr als in der römischen Tradition. Die »Didache«, eine christliche Schrift vom Ende des ersten Jahrhunderts, sagt ausdrücklich: »Du sollst ein Kind nicht abtreiben und das Geborene nicht töten.«

Offenbar gab es auch Fälle, in denen die Mitglieder einer Familie unterschiedlich zum Glauben standen. Paulus macht sich im Ersten Brief an die Korinther Gedanken über solche Fälle und erwähnt dort auch die Kinder.

1. Kor 7,12–16

12 Wenn ein Bruder eine ungläubige Frau hat und es gefällt ihr, bei
ihm zu wohnen, so soll er sich nicht von ihr scheiden. 13 Und wenn
eine Frau einen ungläubigen Mann hat und es gefällt ihm, bei ihr zu
wohnen, so soll sie sich nicht von ihm scheiden. 14 Denn der un-
gläubige Mann ist geheiligt durch die Frau, und die ungläubige Frau
ist geheiligt durch den gläubigen Mann. *Sonst wären eure Kinder unrein;
nun aber sind sie heilig. (Hervorhebung der Verf.)* 15 Wenn aber der
Ungläubige sich scheiden lassen will, so lass ihn sich scheiden. Der
Bruder oder die Schwester ist nicht gebunden in solchen Fällen. Zum
Frieden hat euch Gott berufen. 16 Denn was weißt du, Frau, ob du
den Mann retten wirst? Oder du, Mann, was weißt du, ob du die
Frau retten wirst?

Was Paulus mitteilt, ist zweierlei. Es gibt ungetaufte Kinder in Mischehen von einem Christen und einer Nichtchristin. In diesem Falle sind die Kinder heilig, offenbar sogar ohne Taufe und Gabe des Geistes. Nun könnte man vermuten, dies komme eben durch den christlichen Vater. Aber für Paulus gilt auch der umgekehrte Fall. Auch die christliche Mutter heiligt die Kinder, obwohl sie eine schwache Rechtsstellung gegenüber dem Vater hat. Was von Ehepartner zu Ehepartner nicht sichergestellt werden kann (vgl. 7,16), wird für die Kinder von Paulus bestimmt. Hier finden wir bei Übernahme gängiger antiker Vorstellungen den Versuch, mit ihnen auf christliche Weise umzugehen und das betreffende soziale Modell mit christlichem Denken zu füllen. Zugleich lässt Paulus aber erkennen, dass er das Heil der Kinder in jedem Fall an ihren Vater oder die Mutter gebunden sieht. Nebenbei sei bemerkt: Vor diesem Hintergrund ist die Haltung vieler moderner Eltern zu kritisieren, die auf jede Art einer christlichen Erziehung verzichten, weil sie ihren Kindern später die Möglichkeit geben wollen, sich selbst zu entscheiden, ob sie Christen sein wollen oder nicht. Nach Paulus geben solche Eltern das Heil ihrer Kinder preis.

Dennoch sehen die neutestamentlichen Briefe nicht gänzlich von Kindern als Subjekten des Glaubens ab. Dafür stehen die sogenannten Haustafeln. Diesen Begriff hat Martin Luther in die deutsche Sprache eingeführt. Man wendet ihn gewöhnlich auf die sittlichen Weisungen an verschiedene Stände bzw. Gruppen im Kolosserbrief (3,18–4,1), im Epheserbrief (5,22–6,9) und manchmal auch auf 1. Petr 2,18ff und Tit 2,1ff an.

Kol 3,18–4,1

3,18 Ihr Frauen, ordnet euch euren Männern unter, wie sich's gebührt in
dem Herrn. 19 Ihr Männer, liebt eure Frauen und seid nicht bitter gegen
sie. 20 Ihr Kinder, seid gehorsam den Eltern in allen Dingen; denn das
ist wohlgefällig in dem Herrn. 21 Ihr Väter, erbittert eure Kinder nicht,
damit sie nicht scheu werden. 22 Ihr Sklaven, seid gehorsam in allen
Dingen euren irdischen Herren, nicht mit Dienst vor Augen, um den
Menschen zu gefallen, sondern in Einfalt des Herzens und in der
Furcht des Herrn. [...] 23 Alles, was ihr tut, das tut von Herzen als dem
Herrn und nicht den Menschen, 24 denn ihr wisst, dass ihr von dem
Herrn als Lohn das Erbe empfangen werdet. Ihr dient dem Herrn
Christus! 25 Denn wer unrecht tut, der wird empfangen, was er unrecht
getan hat; und es gilt kein Ansehen der Person.
4,1 Ihr Herren, was recht und billig ist, das gewährt den Sklaven, und
bedenkt, dass auch ihr einen Herrn im Himmel habt.

Eph 5,21–6,9

5,21 Ordnet euch einander unter in der Furcht Christi. 22 Ihr Frauen,
ordnet euch euren Männern unter wie dem Herrn. 23 Denn der Mann
ist das Haupt der Frau, wie auch Christus das Haupt der Gemeinde ist,
die er als seinen Leib erlöst hat. 24 Aber wie nun die Gemeinde sich
Christus unterordnet, so sollen sich auch die Frauen ihren Männern
unterordnen in allen Dingen. 25 Ihr Männer, liebt eure Frauen, wie auch
Christus die Gemeinde geliebt hat und hat sich selbst für sie dahin-
gegeben. [...] 31 »Darum wird ein Mann Vater und Mutter verlassen
und an seiner Frau hängen, und die zwei werden ein Fleisch sein«
(1. Mose 2,24). 32 Dies Geheimnis ist groß, ich deute es aber auf Christus

und die Gemeinde. [33] Darum auch ihr: ein jeder habe lieb seine Frau
wie sich selbst, die Frau aber ehre den Mann.
[6,1] Ihr Kinder, seid gehorsam euren Eltern in dem Herrn, denn das ist
recht. [2] »Ehre Vater und Mutter«, das ist das erste Gebot, das eine
Verheißung hat: [3] »auf dass dir's wohl gehe und du lange lebst auf
Erden« (5. Mose 5,16). [4] Und ihr Väter, reizt eure Kinder nicht zum
Zorn, sondern erzieht sie in der Zucht und Ermahnung des Herrn. [5] Ihr
Sklaven, seid gehorsam euren irdischen Herren mit Furcht und Zittern,
in Einfalt eures Herzens, als dem Herrn Christus; [6] nicht mit Dienst
allein vor Augen, um den Menschen zu gefallen, sondern als Knechte
Christi, die den Willen Gottes tun von Herzen. [7] Tut euren Dienst mit
gutem Willen als dem Herrn und nicht den Menschen; [8] denn ihr wisst:
Was ein jeder Gutes tut, das wird er vom Herrn empfangen, er sei
Sklave oder Freier. [9] Und ihr Herren, tut ihnen gegenüber das gleiche
und lasst das Drohen; denn ihr wisst, dass euer und ihr Herr im
Himmel ist, und bei ihm gilt kein Ansehen der Person.

Es ist seit langem bekannt, dass diese Pflichtenkataloge Vorbilder in der nichtchristlichen Tradition, vor allem in der stoischen Philosophie haben. Die Haustafeln beschreiben, »was sich gehört« und kommen einem auch bei uns jedenfalls bis in die jüngere Vergangenheit weit verbreiteten Bedürfnis nach. Was die Kinder angeht, so steht im Mittelpunkt der Gehorsam, das haben die neutestamentlichen Tafeln mit der Antike gemeinsam. Auch die Mahnung an die Väter zur Mäßigung ist keine christliche Erfindung. Das Neue Testament folgt hier gleichsam einer gemäßigten Linie im antiken Denken und erkennt darin, was der Herr will. Dennoch gibt es einen Unterschied, der besonders im Epheser-Brief deutlich wird. Das, was allgemein zu gelten scheint, wird hier mit christlichen Vokabeln zum Ausdruck gebracht.

Etwas anders steht es mit dem Kolosser-Brief. Frauen und Kinder sollen sich unterordnen bzw. gehorsam sein »im Herrn«. Was bedeutet das? Eine eindeutige Antwort ist auf diese Frage nicht möglich. Wir sind auf Vermutungen angewiesen. Vielleicht will »Gehorsam im Herrn« sagen, dass im Herrschaftsbereich Christi diese Unterordnung eigentlich nicht nötig ist und gewissermaßen freiwillig geschehen sollte. Denn in einem christlichen Haus ist nicht der leibliche Vater der Hausvater, sondern Christus. Von daher liegt die Schlussfolgerung nahe, dass alle im Haus gleichgestellt sind und die Unterordnung unter den Hausherrn nicht aus der Natur folgt, sondern auf einer Entscheidung beruht. Wenn diese Schlussfolgerung richtig ist, dann bedeutet dies eine beachtliche Aufwertung der Frauen und Kinder. Sie findet sich im Galater-Brief, dem wir uns abschließend zuwenden wollen. Dort heißt es:

Gal 3,26–28

26 Denn ihr seid alle durch den Glauben Kinder in Christus Jesus.
27 Denn ihr alle, die ihr auf Christus getauft seid, habt Christus
angezogen. 28 Hier ist nicht Jude noch Grieche, hier ist nicht Sklave
noch Freier, hier ist nicht Mann noch Frau; denn ihr seid allesamt einer
in Christus Jesus.

Nach diesen Worten im Galater-Brief ist auch der Hausvater ein Kind Gottes wie sein leibliches Kind. Die vorgegebene Sozialordnung wird nicht geändert, aber entsprechend dem Evangelium mit neuem Sinn gefüllt. Dies betrifft auch ihren Umgang mit den Kindern in den christlichen Häusern und Gemeinden.

Wir sehen heute genauer als früher, dass der Glaube an Jesus Christus alle Gegebenheiten in Frage stellt, die Menschen ausgrenzen, unterdrücken und benachteiligen. Dieses Grundanliegen wird besonders gut sichtbar im Umgang mit Kindern. Es ist den Christen aufgetragen, diesen Impuls aufzunehmen und in den christlichen Gemeinden und darüber hinaus einzuklagen: Kinder gehören in die Mitte. Kinder sind in den Augen Gottes vollwertige Geschöpfe. An ihrer Seite ist Gott leichter zu finden als ohne sie. An der Seite der Kinder deuten wir das Geheimnis unseres Lebens besser als allein.

Fragen zum Nachdenken und Diskutieren

- Welche Bedeutung hatten Kinder in der hellenistischen Kultur?
- Worin stimmten hellenistisches und jüdisches Denken bezüglich des Umgangs mit Kindern und ihrer Erziehung überein? Worin unterschieden sie sich?
- Was wissen wir über das Schulwesen im damaligen Israel bzw. Palästina?
- In 5. Mose 6 lesen wir: »Und diese Worte, die ich dir heute gebiete, sollst du zu Herzen nehmen und sollst sie deinen Kindern einschärfen und davon reden, wenn du in deinem Haus sitzt oder unterwegs bist, wenn du dich niederlegst oder aufstehst.« Ist diese Weisung auch für unsere Gegenwart aktuell? Wie ließe sie sich verwirklichen?
- An welche alttestamentlichen Überlieferungen knüpfte Jesus an, wenn er über Kinder und ihr Verhältnis zu Gott sprach?
- Was meint Jesus, wenn er in Markus 10,15 sagt: »Wahrlich, ich sage euch: Wer das Reich Gottes nicht empfängt wie ein Kind, der wird nicht hineinkommen«?
- In Markus 9,37 lesen wir: »Wer ein solches Kind in meinem Namen aufnimmt, der nimmt mich auf; und wer mich aufnimmt, der nimmt nicht mich auf, sondern den, der mich gesandt hat.« Was bedeutete dies damals? Was kann es heute bedeuten?
- Welchen Zusammenhang gibt es zwischen den Texten über Jesu Zuwendung zu den Kindern und der Diskussion um die Kindertaufe im ersten Jahrhundert und heute?
- Worum handelt es sich bei den neutestamentlichen Haustafeln? Welcher Unterschied besteht zwischen den Haustafeln des Briefes an die Epheser und des Briefes an die Kolosser?

- Können wir heute noch mit Paulus sagen: »Der ungläubige Mann ist geheiligt durch die Frau, und die ungläubige Frau ist geheiligt durch den gläubigen Mann. Sonst wären eure Kinder unrein; nun aber sind sie heilig«?

2. Kinder in Kirche und Gesellschaft – vom Mittelalter bis zur Neuzeit

Die Frage, wie Kinder in der Gemeinde heute leben sollen und wie ihr Christsein zu verstehen ist, lässt sich nicht durch ein bloßes Hin- und Herspringen zwischen der biblischen Botschaft und der heutigen Zeit beantworten. Wir verstehen die heutige Situation der Kinder besser, wenn wir die Überlegungen früherer Generationen über Kindheit und den Umgang mit Kindern kennen. Denn nicht nur die Lebensumstände der Kinder wandelten sich im Laufe der Jahrhunderte. Auch die Wahrnehmung der Kinder durch die Erwachsenen veränderte sich. Mit anderen Worten: Die Vorstellungen davon, was Kindheit sei, waren nicht immer dieselben. In diesem Kapitel soll deshalb ein kurzer Gang durch die Geschichte unternommen werden, die zwischen der Zeit des Neuen Testaments und der Gegenwart liegt. Wir blicken auf die Grundlinien der jeweiligen theologischen, philosophischen und pädagogischen Ansätze und versuchen dabei herauszufinden, wie sich das Leben der Kinder in Kirche und Gesellschaft gestaltete.

Das Erbe der Antike

Das europäische Mittelalter war in vielerlei Hinsicht durch die Antike bestimmt. Dies betrifft auch die Erziehung und das Erziehungsideal. Im ersten Kapitel wiesen wir bereits darauf hin, dass die hellenistische Kultur auf die Erwachsenen fixiert war. Kinder wurden als zukünftige Erwachsene gesehen. Kindheit war dazu da, überwunden zu werden. Erziehung war die Behandlung, die aus dem Kind einen Menschen machen sollte. Die Kinder waren ausschließlich Eigentum des Hausvaters und ohne eigene Rechte. In eigenartiger Spannung dazu konnten Kinder im Bereich des Kultes und der Religion aber auch als besonders rein und der Gottheit gegenüber als wohlgefällig angesehen werden.

Mit der Ausbreitung des christlichen Glaubens im Römischen Reich trafen diese traditionellen Vorstellungen auf ein Denken, das Kinder als Geschenke Gottes ansah und getaufte Kinder als vollwertige Glieder der Gemeinde verstand. Die Christen der späten Antike konnten deshalb die starke Fixierung auf die Erwachsenen und ihre Rechte nicht ohne weiteres teilen. Zugleich erwuchs aus der Taufe zunehmend ein Einwand gegen die Ansicht, Kinder seien besonders empfänglich für Gott und im Glauben Vorbilder für die Erwachsenen. Bewies nicht die bloße Tatsache der Kindertaufe, dass auch Kinder, selbst Neugeborene, schon Sünder seien, da die Taufe zur Vergebung der Sünden gespendet wurde? Entsprechend bekannte der Kirchenvater Augustinus: »Nein, Herr, es gibt keine kindliche Unschuld.«

Bei Augustinus begegnen wir dem folgenreichen Gedanken, dass alle Menschen von Geburt an Sünder seien. Die darauf aufbauende Lehre von der »Erbsünde« bestimmte die theologische Diskussion für Jahrhunderte. Bereits zu Beginn des dritten Jahrhunderts hatte Tertullian (gest. 215 n.Chr.) von einer »Sünde des Ursprungs« gesprochen, woraus Augustinus eine umfassende Lehre von der Sünde entwickelte. Zu ihrem Kernbestand gehörte die Überzeugung, die Ursünde Adams werde mit der Zeugung von Mensch zu Mensch weitergegeben. Aus dieser Lehre entstand eine Spannung, die sich auf das kirchliche Handeln auswirkte. Wer mit der Hochschätzung der Kinder durch Jesus auch im Alltag Ernst machen wollte, musste sich nicht nur mit Einwänden aus der antiken Erziehungstradition auseinandersetzen, sondern zugleich auch mit der sich im Sinne Augustins entwickelnden christlichen Lehre von der Sündhaftigkeit des Menschen und deren pessimistischen Konsequenzen.

Dennoch hatte die Praxis der Kindertaufe zur Tilgung der Sünden auch unbestritten positive Auswirkungen, die vor allem darin zu sehen sind, dass Kinder durch die Taufe in das Erlösungswerk Christi hineingenommen sind. Diese doppelte Sicht – Kinder von Geburt an Sünder und zugleich durch die Taufe erlöst und für die Gnade Gottes als würdig empfunden – bestimmte das theologische Denken.

Kinder im Mittelalter

Im Mittelalter dachten christliche Theologen besonders intensiv immer dann über Kinder nach, wenn sie sich dem Zusammenhang zwischen Taufe und Heil zuwandten. Kinder galten, wie wir bereits hörten, als Träger der Erbsünde von Geburt an, so dass ihr ewiges Heil äußerst gefährdet schien. Um der Rettung der Kinder willen galt die Taufe deshalb als unverzichtbar und wurde unter allen Umständen und so schnell wie möglich vorgenommen – nicht selten im Angesicht des drohenden Todes, denn es vollendeten in manchen Jahrzehnten nicht einmal die Hälfte der Neugeborenen das erste Lebensjahr.

Welche Beziehung bestand darüber hinaus zwischen den Kindern und der Kirche? Wir finden in der Literatur etliche Predigten für Knaben oder kleine Kinder. Unklar ist jedoch, wo sie gehalten wurden. Einen Kindergottesdienst gab es nicht. Und von einem Gemeindeleben neben den Gottesdiensten oder gar Kinderkreisen und katechetischen Veranstaltungen kann keine Rede sein. Wir finden Ratschläge an die Eltern, sie sollten ihre Kinder mit in den

Gottesdienst nehmen. Anzunehmen ist, dass dies auch geschehen ist, denn wir kennen Berichte von Priestern, die sich über Störungen der Messe, besonders bei der Predigt, beklagen.

Mit dem Besuch der Messe stellt sich die Frage nach der Teilnahme an der Eucharistie. Bis ins Hochmittelalter hinein war es üblich, dass bereits Säuglinge zum Abendmahl eingeladen waren. Es gibt ermahnende Hinweise darauf, dass getaufte Kinder nach der Taufe nicht gestillt werden sollen, ehe sie nicht Brot und Wein oder Brot im Wein empfangen hätten. Je mehr sich aber die Aufmerksamkeit beim Abendmahl auf Brot und Wein und ihre geheimnisvolle Verbindung mit dem Leid und Blut Christi richtete, umso mehr kam die Kinderkommunion aus der Übung. Etwa ab 1150 wurde sie nicht mehr praktiziert. Das IV. Laterankonzil bestimmte 1215, Kinder sollten von den Jahren an kommunizieren, in denen sie Gut und Böse unterscheiden können. Allerdings ist in diesem Zusammenhang darauf hinzuweisen, dass auch die Erwachsenen immer seltener kommunizierten und sich mit der Teilnahme am Gottesdienst und dem Beobachten der Messhandlung begnügten. An die Stelle der Kommunion trat so die »Augenkommunion«.

Nicht wenige Kinder wurden bereits in jungen Jahren Klöstern zur Erziehung übergeben. Darin wurde nichts Anrüchiges gesehen, vielmehr stellte dies einen Weg dar, der Kindern wie Eltern die Konzentration auf das geistliche Leben erlaubte. Die heilige Elisabeth von Thüringen übergab eines ihrer Kinder zweijährig einem Kloster. Besonders Mädchen, die nicht heiraten sollten, kamen ins Kloster und heirateten sozusagen in die Klostergemeinschaft, indem sie ihre Mitgift einbrachten. Nicht wenige Kinder dürften auch wegen eines Gelübdes ihrer Eltern Mönch oder Nonne geworden sein.

Überall dort, wo kleine Kinder als besonders rein und heilig galten, kam es ihnen gelegentlich zu, an prominenter Stelle des kirchlichen und gesellschaftlichen Lebens aufzutreten. Viele Prozessionen wurden durch ein Kind eröffnet, das eine Kerze trug. Auch städtische Zunftordnungen beweisen, dass man auf die Teilnahme von Kindern bei öffentlichen Anlässen Wert legte.

In diesen Zusammenhang gehört auch der dramatische »Kinderkreuzzug« von 1212. Nachdem es den Rittern nicht gelungen war, das Heilige Land zu befreien, gingen Kinder daran, die Mission zu erfüllen, an der die Erwachsenen gescheitert waren. Vielerorts wurde das Bild des unschuldigen und deshalb auserwählten Kindes beschworen; Zehntausende 10- bis 15-Jährige aus Stadt und Land glaubten daran. Ihr Zug quer durch Europa endete für die meisten im Tod oder in der Sklaverei. Vielleicht hat sich etwas von diesem tragischen Geschehen in der Geschichte über den Rattenfänger von Hameln niedergeschlagen.

Obwohl in der Regel nicht über die geistliche Erziehung von Kindern nachgedacht wurde, gab es dennoch Ausnahmen. Dazu gehört der in seiner Zeit berühmte Theologe Johannes Gerson (gest. 1429). In seiner Schrift »Über kleine Kinder und ihre Erziehung im Sinne Christi« geht er von der Taufe und der daraus erwachsenden Würde der Kinder aus und rückt die Bemühungen um das Christwerden des Kindes in Katechetik und Seelsorge in den Mittelpunkt. Dafür könnten bereits das fünfte und das sechste Lebensjahr genutzt werden. Vor allem die Beichte sei als wichtiges katechetisches Mittel zu verstehen: »Das Kind soll gefragt werden, ob es Hass oder Rache in seinem Herzen trägt, ob es in seinem Herzen gegen König, Lehrer, Vater oder Mutter rebelliert. Auch soll man es fragen, ob es faul war oder nur widerwillig aufgestanden und zur Kirche, zur Schule oder zur Arbeit gegangen ist ...«

Schließlich ist noch darauf aufmerksam zu machen, dass ab dem 12. Jahrhundert mit der Ausweitung der Marienverehrung die Darstellung des Jesuskindes, oft auch die des Johannes des Täufers, verstärkt wurde. In der Darstellung der um Jesus fürsorglich bemühten Maria konnten die Erwachsenen das Beispiel einer wünschenswerten

Mutter-Kind-Beziehung erkennen. Ab dem 13. Jahrhundert wurden auch Krippen in den Kirchen aufgestellt. Sie zeigten Christus klein, lachend, weich und verletzlich. Auch diese Darstellungen dürften Einfluss auf den Umgang mit den Kindern der damaligen Zeit gehabt haben. Zugleich finden sich auch häufiger als zuvor Hinweise auf die Worte Jesu, mit denen er die Erwachsenen auffordert, wie die Kinder zu werden.

Trotz dieser Hinweise dürfen wir uns nicht dazu verleiten lassen, die prägende Kraft des christlichen Glaubens und der Gemeinde im Hinblick auf die Kinder überzubewerten. Einen wichtigen Beleg dafür liefern die Märchen. Sie erhellen das Alltagsleben und die religiösen Vorstellungen des Volkes im Mittelalter und in der frühen Neuzeit. Gottesdienst und Predigt, Pfarrer und Mönche oder Kirchengebäude kommen in den Märchen sehr selten vor. Immer wieder wird geheiratet, von einer kirchlichen Trauung findet sich aber kein Wort. Wenn das »tapfere Schneiderlein« Zuflucht in einer kleinen Kirche nimmt, so ist dies ein auffälliges Detail, das sonst in keinem anderen Märchen vorkommt. Von Gott ist hin und wieder die Rede, aber eher in Redensarten als an betonter Stelle. »Der liebe Gott wird schon helfen«, sagt Hänsel zu Gretel. Deutlich ist der vorchristliche Ursprung vieler Märchen und ihre bleibende »Unchristlichkeit«. Dies kommt besonders darin zum Ausdruck, dass alles Heil im Irdischen erwartet und das Unerklärliche in der Regel nicht von Gott her begründet wird.

Im Märchen werden häufig Kinder geboren, aber selten wird die Taufe erwähnt. Im Märchen von den sieben Raben ist die Taufe der Aufhänger für die dann gänzlich »unchristliche« Erzählung. In »Gevatter Tod« ist die Taufe wichtig, aber der Vater spricht sich ausgerechnet gegen »den lieben Gott« als Taufpaten aus. Die gelegentliche Erwähnung der Paten steht mit der gesellschaftlichen Bedeutung dieses Amtes im Zusammenhang, nicht aber mit der Aufgabe, die Patenkinder im Glauben zu unterweisen. Die Aufgabe der Paten, die Kinder im Todesfall der Eltern materiell zu versorgen, stand wohl im Vordergrund.

Neben den Märchen geht auch aus der pädagogischen Literatur des Mittelalters hervor, dass dem christlichen Glauben nur bedingt prägende Kraft zukam. Denn die pädagogischen Überlegungen der damaligen Zeit orientierten sich eher an der vorchristlichen griechischen Philosophie als an theologischen Grundsätzen. Dabei stand weniger das geistliche Wachstum der Kinder im Vordergrund als vielmehr die Entwicklung der Vernunft.

Das Modell, an dem man sich orientierte, war das der Lebensalter. Es stammt aus der Antike und besaß im europäischen Mittelalter große Beliebtheit. Danach gliederte sich das menschliche Leben in Zeitabschnitte, die jeweils sieben Jahre umfassen. Der erste Abschnitt ist die frühe Kindheit (infantia). Sie ist dadurch geprägt, dass dem Kind Vernunft und Sprache weitgehend fehlen. Zugleich ist sie durch das Vorherrschen schädlicher Begierden bestimmt. Die zweite Phase ist das Knaben- oder Mädchenalter (pueritia), in dem der Wille durch Gewöhnung an gute Sitten erzogen werden kann. Nebenbei sei bemerkt, dass auch Martin Luther auf die gleiche Zeiteinteilung zurückgriff und im Hinblick auf das Ende des ersten Lebensabschnitts feststellte: »Mit sieben Jahren erwacht ein Kind aus dem Reich der Träume«. Die Erziehung im eigentlichen Sinn beginnt in der dritten Phase (adolescentia) mit dem 14. Lebensjahr, weil erst jetzt die Vernunft hinreichend ausgebildet sei. Dieses Alter erscheint eigenartig, wenn man weiß, dass in der Regel Jungen mit vierzehn Jahren und Mädchen schon mit zwölf Jahren strafmündig wurden und auch heiraten konnten. Bereits mit sieben konnten schon Verlobungen geschlossen werden, weil, wie es hieß, Kinder dann ordentlich sprechen können.

Vor dem Hintergrund der Orientierung an den Lebensphasen ist leicht erkennbar, dass auch hier die Kindheit als

Übergangsstadium zum eigentlichen Menschsein betrachtet wurde. Damit verbunden war jedoch der Optimismus, dass durch die Erziehung ein entscheidender Einfluss auf die Entwicklung der Kinder geltend gemacht werden könne. Das Erbe der hellenistischen Pädagogik dominierte deutlich. Der Jubel über die Aufnahme der Kinder in den Herrschaftsbereich Christi durch die Taufe konnte sich nur schwer in der gesellschaftlichen Wirklichkeit durchsetzen. Aber auch die düstere Sicht der Verderbnis durch die Erbsünde, die der Taufe korrespondiert, kam nicht zur Wirkung.

Wie hat man sich vor diesem Hintergrund das Leben der Kinder im Einzelnen vorzustellen? Privatlehrer unterrichteten die Kinder der Reichen, die Klöster den Nachwuchs der Orden. Mehr und mehr aber richteten die Städte Elementarschulen für Kinder ein. Mädchen kamen freilich nur selten in den Genuss einer Schulbildung. In den Städten verließen die Jungen häufig schon mit kaum sieben Jahren das Elternhaus, um eine Lehre bei einem Handwerker oder einem Kaufmann aufzunehmen. Sie beobachteten die Erwachsenen bei der Arbeit und mussten frühzeitig auf dem Feld oder im Stall helfen. Zumindest bis zum siebten Lebensjahr scheint ihnen aber auch Freiraum und Zeit zur Vorbereitung auf das Erwachsenenleben eingeräumt worden zu sein. Bedenkt man, dass eine strenge Unterscheidung zwischen dem Raum der Erwachsenen und dem Raum der Kinder weder im buchstäblichen noch im übertragenen Sinn getroffen wurde, mag der Freiraum der kleineren Kinder sogar in mancherlei Hinsicht größer gewesen sein als in späteren Zeiten. Wurden sie frühzeitig Waisen, so konnten sie sich der Fürsorge der Gesellschaft, namentlich der Kirche, sicher sein.

Die theologische Diskussion der Gelehrten dieser Zeit über Gnadenlehre und Sakramente berührte das Leben der einfachen Menschen kaum. Ihr Leben war durch kirchliche Verordnungen, durch Bräuche und den liturgischen Festkalender geordnet und bestimmt, ohne dass davon ausgegangen werden kann, dass sie sich darüber viele Gedanken machten oder machen konnten. Für die Kinder galt, dass der christliche Glaube nicht unbedingt die Mitte ihres Lebens bildete, vor allem dann, wenn weder städtische Schulen noch Klöster in die Erziehung der Kinder eingriffen. Darauf verweisen nicht zuletzt viele mittelalterliche Prediger, die nicht ohne Grund gegen Magie und Aberglauben angingen. Vor diesem Hintergrund wird einsichtig, warum es im späten Mittelalter zu einer Intensivierung der katechetischen Bemühungen um die einfachen Menschen kam, an die die Reformation anknüpfen konnte.

Zusammenfassend können wir festhalten:

- Im Zusammenhang mit der Taufe rückten die Kinder ins Zentrum theologischer Fragen. Durch die Taufe sind sie trotz der Erbsünde in das Erlösungswerk Christi aufgenommen.
- Es gab keine besonderen katechetischen Veranstaltungen für Kinder. Sie nahmen am Gottesdienst der Erwachsenen teil und empfingen bis in das Hochmittelalter hinein das Abendmahl.
- Kinder der Oberschicht wurden oftmals den Klöstern zur Erziehung anvertraut und traten später in die klösterliche Gemeinschaft ein.
- Außerhalb der Klöster war die Erziehung weitgehend durch antikes Denken bestimmt. Zugleich ist davon auszugehen, dass der christliche Glaube im Alltag der Kinder eine nachgeordnete Rolle spielte.
- Im geistlichen und gesellschaftlichen Leben traten Kinder gelegentlich an prominenter Stelle in Erscheinung, weil sie für besonders rein und heilig gehalten wurden.
- Eine Kindheit im eigentlichen Sinn gab es nicht. Die Kinder nahmen von Anfang an uneingeschränkt am Leben der Erwachsenen teil und wurden sehr früh in das Erwerbsleben integriert.

Kinder im Denken der Reformatoren und Humanisten

Die Reformationszeit wurde durch einen erneuten und mächtigen Rückgriff auf die Antike eingeläutet – durch den Humanismus. So schrieb Erasmus von Rotterdam (gest. 1536) in einer pädagogischen Programmschrift, Kinder seien »nichts als rohe Masse« und es sei Sache der Pädagogen, »der fügsamen und zu allem bildsamen Materie die beste Form zu geben.« Dies war das pädagogische Prinzip der Antike, das die Kindheit als eigenständige Größe nicht wahrzunehmen vermochte. Ignoriert wurde auch die Beeinträchtigung des Menschen durch Sünde und Erbsünde und zugleich seine durch die Taufe verliehene Würde. Erasmus sieht in der Kindertaufe nicht mehr als eine ständig gegenwärtige Mahnung, den Kindern die »Philosophie Christi« beizubringen.

Der Humanismus bildete einen nachhaltigen pädagogischen Impuls. Er führte in der reformatorischen Bewegung dazu, die Schule als Ort der Bildung und der Weitergabe des Evangeliums zu entdecken. Der Name Philipp Melanchthon (gest. 1560), der Humanist unter den Wittenberger Reformatoren, steht für diese Entwicklung. Namentlich bei Martin Luther (gest. 1546) finden wir mehrere Zeugnisse großer Wertschätzung der Kinder. Deutlich wird dies nicht zuletzt in seinem Hinweis, dass »das Menschliche in seiner schönsten Gestalt« gerade beim Kind zu finden sei. Dies ist nicht Ausdruck eines Gefühls, sondern eine theologische Aussage, die darauf verweist, dass sich gerade beim Kind Unschuld, Natürlichkeit, Furchtlosigkeit und Gottvertrauen finden. Insofern ist für Luther das Kind ein »Symbol des verlorenen Paradieses«.

Wenn diese Beurteilung der von Erasmus deutlich entgegenläuft, so ist auch bezüglich der Taufe ein Unterschied zu erwarten. Luther sieht in der Taufe kein pädagogisches

Erinnerungszeichen, sondern ganz im Sinne der Tradition ein Bad zur Tötung der Erbsünde. Keineswegs also sind Kinder aus sich heraus ein Symbol des verlorenen Paradieses, sondern weil sie getauft sind, sind sie Kinder Gottes.

Die gelegentlich hoch gepriesene Unschuld der Kinder ergibt sich nach Luther demnach aus der Taufe und dem von Gott geschenkten Glauben. So ist die hohe Bewertung der Kindheit Folge eines im Kern pessimistischen Menschenbildes bei Luther. Seine Konzentration auf die Heil schenkende Gnade Gottes führt dazu, dass er im Lebenslauf und in den Lebensphasen des Menschen nicht einen Vorgang fortschreitender Heiligung und Vervollkommnung sehen kann. Insofern rücken Kinder und Erwachsene für Luther enger zusammen. Der Graben, der in anderen pädagogischen Entwürfen durch die Erziehung überwunden werden muss, wird bei ihm durch die Kindern und Erwachsenen gemeinsame Gotteskindschaft und den beiden gemeinsamen Glauben geschlossen.

Wie kann man jedoch bei Neugeborenen vom Glauben ausgehen, wo doch der strenge Grundsatz gilt: »Ohne Glaube keine Taufe«?

Viele Theologen vertraten die Ansicht, dass der Glaube der Taufe auch nachfolgen könne. Andere wollten die Kindertaufe ganz abschaffen, weil bei Kindern Glaube weder nachweisbar noch möglich sei. Luther hingegen lehrte, dass auch die Kleinsten glauben, wenn auch unbewusst und unsichtbar. Denn Glaube ist keine Leistung oder Frucht der katechetischen Unterweisung, sondern eine Gabe Gottes. Diese Lehre vom »Glauben der Kinder« ist die theologische Brücke, über die hinweg Luther zu seiner optimistischen Sicht der Kinder kommt.

Erasmus von Rotterdam und Martin Luther vertraten entgegengesetzte Positionen, die wir in folgenden Stichworten festhalten können:

- *Erasmus*: Ablehnung der Erbsünde – Geringschätzung der Taufe – Geringschätzung der Kinder – Hochschätzung der Erziehung

- *Luther*: Betonung der Erbsünde – Hochschätzung der Taufe – Hochschätzung der Kinder – Relativierung der Erziehung

Philipp Melanchthon nahm eine Vermittlung beider Positionen vor. Er verstand beide Standpunkte und entwickelte daraus ein pädagogisches Programm, das eine doppelte Zielsetzung enthielt: die Frömmigkeit und das Wissen. Anders als früher bemühte man sich nun um die Heranwachsenden. Im Mittelalter konnten Kinder gegebenenfalls auch ohne Schulbildung und katechetische Unterweisung erwachsen werden. Christen bzw. Kirchenmitglieder wurden sie durch »learning by doing«. Im Rahmen der reformatorischen Kirchen veränderte sich diese Praxis gründlich. Schulen wurden gegründet. Dies war insofern wichtig, als in den protestantischen Gebieten keine Klöster mehr vorhanden waren, die die Schulbildung hätten übernehmen können. Zugleich kam den Schulen eine zentrale Bedeutung bei der Ausbreitung der reformatorischen Ideen zu.

Daneben wurde ein besonderes Gewicht auf die häusliche Erziehung gelegt. Überragende Bedeutung erlangte dabei der von Martin Luther 1529 verfasste »Kleine Katechismus«. Dieses Büchlein war für die Hand des Hausvaters gedacht, um den christlichen Glauben an die eigenen Kinder gewissenhaft weiterzugeben.

Einen Kindergottesdienst im modernen Sinn gab es im 16. Jahrhundert noch nicht. Man bemühte sich aber um besondere Kinderlehren mit katechetischer Ausrichtung. Kinder sollten nicht einfach durch den Besuch der Messe in die Gemeinde hineinwachsen, sondern sie sollten auch eine altersgerechte Einführung in die Kirche erhalten. In diesem Zusammenhang sind auch die Bemühungen von Veit Dietrich (gest. 1549) zu nennen, der in Nürnberg reformatorische Kinderpredigten hielt. Auch in den Schulen gab es besondere Gottesdienste für Kinder. Vor allem die Mette wurde nicht selten vor Schulbeginn miteinander gefeiert. In alledem erkennen wir eine Intensivierung der christlichen Bildung der Kinder mit dem Ziel, ihnen die Schätze des Evangeliums nahezubringen.

Zusammenfassend können wir festhalten:

- Martin Luther hielt im Gegensatz zu Erasmus von Rotterdam an der Lehre der Erbsünde fest. Durch die Taufe gewinnt das Kind jedoch seine Unschuld zurück. So kann Luther das Kind als »Symbol des verlorenen Paradieses« feiern.
- Die Reformatoren maßen sowohl der Frömmigkeitserziehung in der Familie als auch der Schulbildung große Bedeutung bei. Schulen wurden gegründet und die häusliche Erziehung mit neuen Impulsen (Kleiner Katechismus) versehen.
- Verstärkt setzten auch katechetische Bemühungen ein. In diesem Zusammenhang ist besonders auf die Kinderpredigten zu verweisen.
- Der Unterschied zwischen Erwachsenen und Kindern wurde dadurch weitgehend aufgehoben, dass Kinder wie Erwachsene als Kinder Gottes angesehen wurden. Der Glaube an Jesus Christus schloss sie in einer Gemeinde zusammen.

Kinder in der Orthodoxie und im Pietismus

Wie wir gehört haben, hatten die Humanisten die Vorstellung von der Erbsünde weitgehend von sich gewiesen, die Taufe zugleich in ihrer Bedeutung relativiert und die Bedeutung der Erziehung in den Vordergrund gerückt. In der Theologie Martin Luthers waren die Erbsünde und die Taufe so aufeinander bezogen, dass getaufte Kinder in das

Erlösungswerk Christi hineingenommen und als Kinder Gottes wichtig wurden. In der Folgezeit wurde die Erbsünde zum Leitbegriff für die Beurteilung der Kinder, ohne dass sie durch den Blick auf die Taufe und die darin geschenkte neue Existenz aufgehoben wurde. Die Folge davon war, dass Kinder keineswegs als vollwertige Mitmenschen, Mitchristen und Geschöpfe Gottes begriffen und als solche behandelt wurden.

Entsprechend galten Kinder in der lutherischen Orthodoxie des 17. Jahrhunderts und im Pietismus als fortgesetzt zum Bösen neigend oder böse überhaupt. Und die Erziehung wurde als Instrument verstanden, das Böse in den Kindern einzudämmen. Bereits Melanchthon hatte der Schule die ständige Einschärfung guter Sitten als ein wichtiges Ziel vorgegeben und dies im Gegensatz zur humanistischen Tradition mit der Erbsünde begründet. Bei ihm ist zu lesen: »Da die Menschen von Natur mehr zum Schlechten als zum Guten neigen, müssen sie von Jugend auf an gute Sitten gewöhnt werden.« Belehrung, Gewöhnung und Unterordnung wurden erst recht zu pädagogischen Zielen, nachdem sich die pessimistische Sicht des Menschen durchgesetzt hatte. Grundlage war dafür nicht zuletzt die »Konkordienformel«, ein lutherisches Bekenntnis aus dem Jahr 1577, in der die menschliche Natur wegen der angeborenen Erbsünde als tief verdorben angesehen wurde.

Mit dieser Sichtweise des jungen Menschen war die schrittweise Einführung der allgemeinen Schulpflicht im 17. Jahrhundert belastet. Die ausnahmslos von der Kirche getragenen Schulen waren kaum in der Lage, die besonderen Bedürfnisse der Kinder zu berücksichtigen und sich an ihnen im Schulalltag zu orientieren. Die Aufmerksamkeit zu dem getauften Kind mit der ihm dadurch verliehenen Würde trat gänzlich in den Hintergrund. So sahen sich Kinder in der Barockzeit vor allem dem ständigen Misstrauen der Erwachsenen und der Rute der Lehrer ausgeliefert. Darin spiegelten sich freilich auch die

Verhältnisse der Erwachsenenwelt. Denn sie lebten ihrerseits in Verhältnissen, die von Disziplin und Strenge geprägt waren und wenig Raum für ein freies und mündiges Dasein als Bürger oder Christ gewährten. Vor allem die kleineren Kinder hatten es schwer, als Menschen wahrgenommen zu werden. In Molières Theaterstück »Der eingebildete Kranke« aus dem Jahr 1673 ist beispielsweise die Rede davon. Argan wollte »seine einzige Tochter ins Kloster geben«, obwohl er zweifellos zwei Töchter hat. Die zweite war offenbar noch zu klein, um überhaupt erwähnt zu werden.

Der Alltag der Kinder war von harter Arbeit geprägt, zu der Jungen wie Mädchen vor allem auf den Bauernhöfen herangezogen wurden. Trotz Schulpflicht kamen viele in nur sehr begrenztem Maße in den Genuss von Bildung. Und ihre Kindheit dauerte meist nicht sehr lange.

Nicht unerwähnt bleiben darf, dass auch in jener Zeit Stimmen zu hören waren, die differenzierter als die meisten anderen zu urteilen wussten. Zu ihnen gehört in erster Linie Johann Amos Comenius (gest. 1670). Er ging davon aus, dass die Gottesebenbildlichkeit der Kinder durch die Erbsünde zwar geschwächt, durch die Taufgnade aber grundsätzlich wiederhergestellt sei. Dadurch wurde der Blick frei für eine unvoreingenommene Betrachtung der Kinder, für die Wahrnehmung ihrer Gaben und für eine Erziehung, die nicht nur auf die Übernahme der Normen der Erwachsenen zielte. Wie kaum ein anderer zuvor begründet der böhmische Gelehrte seine erzieherischen Anstrengungen mit dem, was Jesus Christus von den Kindern ausgesagt hatte. Entsprechend plädierte Comenius für eine frühzeitig beginnende religiöse Erziehung und entwickelte neuartige didaktische Modelle, die von dem jeweiligen Entwicklungsstand der Kinder ausgingen. Daneben legte er Wert auf Anschaulichkeit sowie auf eine kindgemäße Methodik. Seiner eigens der Erziehung von Kleinkindern gewidmeten Schrift »Informatorium der Mutterschul« stellt er das Wort Jesu aus Mk 10,14 voran.

Innerhalb der Glaubensbewegung des Pietismus im späten 17. und im 18. Jahrhundert hatten die fortschrittlichen erzieherischen Gedanken des böhmischen Brüderbischofs jedoch wenig Einfluss. Vielmehr setzten sich die pädagogischen Prinzipien der Barockzeit durch und spitzten sich noch zu. »Zu allem Guten verdrossen, zu allem Bösen geneigt und munter«, so schätzte beispielsweise Johannes Rambach (gest. 1735) nicht nur die älteren, sondern sogar schon die kleinen Kinder ein. Die Brechung des bösen Eigenwillens der Kinder wurde zum christlichen Erziehungsziel. Kontrolle und Druck wurden die vorherrschenden erzieherischen Methoden. Auch August Hermann Francke (gest. 1727) ging in seiner Pädagogik von der erbsündlichen Verderbtheit der Kinder aus. Er setzte ihr eine intensive Bemühung um Besserung und Heiligung auf dem Weg des Erwachsenwerdens entgegen, dessen Ziel die »Erneuerung zum Ebenbild Gottes« war.

Aus dem Gesagten geht hervor, dass der Pietismus die Kindheit als eine Lebensphase verstand, die überwunden werden muss. Ziel der Erziehung war nicht der Gebildete wie in der Antike, sondern der wiedergeborene Erwachsene oder – wie bei Francke – der in seiner Ebenbildlichkeit Gottes wiederhergestellte Mensch.

Die Konfirmation als Bekenntnisakt des zum wirklichen Glauben herangereiften Jugendlichen nahm dabei organisierte Formen an.

Dass Kindern als Geschöpfen Gottes die voraussetzungslose Liebe Jesu gilt, wurde mit wenigen Ausnahmen kaum wahrgenommen. Zu diesen Ausnahmen gehört Nikolaus Graf von Zinzendorf (gest. 1760), ein Schüler Franckes. 1739 veröffentlichte er eine kleine Schrift mit dem Titel: »Kurzer Aufsatz von der christlichen Erziehung der Kinder«. Diesem Text stellte er das Motto voran: »Kinder sind kleine Majestäten, die Taufe ist ihre Salbung, und sie sollten von Stund an nicht anders tractirt werden als ein geborener König.« An diesem Motto wird deutlich, dass die Forderung Zinzendorfs zu seiner Zeit keineswegs selbstverständlich war. Es ist als grundlegende Kritik an der Art und Weise zu verstehen, wie die Kinder üblicherweise behandelt wurden.

Zusammenfassend können wir festhalten:

- Ausgangspunkt des Umgangs mit Kindern ist die theologische Überzeugung, dass der Mensch von Grund auf durch die Erbsünde verdorben ist.
- Die Wahrnehmung der Taufe als Gnadenakt, der zur Beseitigung der Erbsünde führt, tritt stark zurück. Ihre Bedeutung kommt nur noch punktuell zur Sprache (vgl. Graf v. Zinzendorf).
- Die Aufgabe der Erziehung wird darin gesehen, den jungen Menschen von seiner angeborenen Boshaftigkeit zu befreien.
- Die Kindheit selbst wird als ein Zustand angesehen, der zu überwinden ist. Das anzustrebende Ziel ist der wiedergeborene bzw. zur Ebenbildlichkeit Gottes wiederhergestellte Mensch.
- Der böhmische Theologe und Pädagoge Johann Amos Comenius durchbricht die gängige Erziehungsvorstellung, indem er bei der Entwicklung seiner pädagogischen Gedanken daran anknüpft, was Jesus über die Kinder ausgesagt hat.

Kinder in der Aufklärungszeit und in der Romantik

Nach und nach endete die Sicht der Kindheit, die das Handeln der Erwachsenen über Jahrhunderte hinweg bestimmt hatte. Die Wahrnehmung der kindlichen Eigenexistenz, der man in der Erziehung und auch in der

Gemeinde gerecht werden müsse, kam stärker in den Blick. Besonders der englische Philosoph John Locke (gest. 1704) steht für diese Wende in der pädagogischen Diskussion. Er hatte dazu angeregt, die Eigenart der Kinder genauer zu studieren und auf ihre Begabungen und Fähigkeiten, Schwächen und Stärken zu achten, anstatt abstrakten Lehrmeinungen zu folgen.

Die endgültige Hinwendung zum Kind ohne den vorwegnehmenden Blick auf das zukünftige Erwachsensein ist mit dem Namen Jean-Jacques Rousseau (gest. 1778) verbunden. Rousseau kann als Entdecker und Verteidiger des Eigenrechts des Kindes angesehen werden. In seinem Erziehungsroman »Emile« wertete er in gänzlicher Umkehrung des Überkommenen die Einflüsse der Erwachsenenwelt auf die Kinder als geradezu schädlich für deren Entwicklung und forderte, Kinder bei ihrem Aufwachsen ganz der Natur und damit den Regeln des Schöpfers zu überlassen. Entsprechend heißt es bei ihm: »Alles ist gut, wenn es aus den Händen des Schöpfers hervorgeht, alles entartet unter den Händen des Menschen.« Und dies gilt nicht zuletzt für die Erziehung.

Einen anderen Weg der Erziehung schlägt Immanuel Kant (gest. 1804) vor. Im Anschluss an Erasmus von Rotterdam geht er davon aus, dass der Mensch von Geburt aus weder gut noch böse sei. Vor diesem Hintergrund stellt er die Forderung auf, dass der junge Mensch zu einem moralischen Wesen zu erziehen sei. Dabei geht es nicht mehr darum, den Willen des Kindes zu brechen, sondern seinen Willen zu erreichen und nach sittlichen Maßstäben auszubilden.

So unterschiedlich die Positionen von Rousseau und Kant auch sein mögen, eines haben sie gemeinsam: Sie gaben der Lehre von der Erbsünde den Abschied und ebneten damit den Weg, Kinder unvoreingenommen als eigenständige Persönlichkeiten zu sehen. Damit war der Gedanke der angeborenen Sündhaftigkeit des Menschen nicht aus der Welt geschafft. Friedrich Schleiermacher (gest. 1834) beschrieb die christliche Familie als die eigentliche Form der Kirche und hielt den Gedanken Luthers lebendig, dass die Familie der wichtigste Ort für die Begegnung der Kinder mit dem Glauben sei. Weil er in der Erbsünde die »Unfähigkeit zum Guten« sah, war es für ihn notwendig, die Kindertaufe mit der religiösen Erziehung zu verbinden.

In der Zeit der Romantik erfuhr das Kind große Aufmerksamkeit. Der Pädagoge Friedrich Fröbel (gest. 1853) meinte beispielsweise, die Neugeborenen seien »göttlichen Ursprungs«, so dass die Erwachsenen die Kinder brauchten, »um sich selbst zu verstehen«. In ähnlicher Weise wie Johann Heinrich Pestalozzi (gest. 1827) sah er eine enge Verbindung von früher Kindheit und Erziehung in der Religion, für die vor allem die Beziehung zur Mutter entscheidend sei. Der Dichter Jean Paul (gest. 1825) sah sogar im Glauben der Kinder den Höchststand menschlicher Religiosität, zu dem nach seiner Auffassung Erwachsene in ihrem späteren Leben nur selten zurückfänden. Auch Schleiermacher deutete anfangs den Erwachsenen vom Kinde her, sprach aber später davon, Kinder seien wie Knospen, um deren Entfaltung es in der religiösen Entwicklung gehe.

Die Verinnerlichung des Christentums und die allgemeine Flucht ins Private im Biedermeier nach dem Scheitern gesellschaftlicher Reformbestrebungen ließen bald auch den christlichen Glauben mehr und mehr zur Privatangelegenheit werden. Diese Tendenz wurde im evangelischen Bereich durch die Übernahme aufklärerischer Gedanken gefördert, wobei die Hochschätzung des autonomen Einzelmenschen und die Höherbewertung der Moral gegenüber dem kultischen Leben besonders zum Tragen kamen. Deshalb hielt man es vor allem in bürgerlichen Kreisen in den Städten bald kaum noch für nötig, am Leben der Kirchengemeinde teilzunehmen. Taufen wurden häufig als Dienstleistungen der Kirche zu Hause im Familienkreis vollzogen. Der Einfluss der Gemeinde auf die Kinder schwand entsprechend.

Zusammenfassend können wir festhalten:

- In der Zeit der Aufklärung und danach wird das Kind als Individuum mit je eigenen Fähigkeiten und Möglichkeiten entdeckt. Die Lehre von der Erbsünde tritt in den Hintergrund, ohne gänzlich aus dem Blick zu geraten.
- In der Romantik wird die Sicht des Kindes weitgehend idealisiert. Kinder gelten als Beispiele für Religiosität, an denen sich die Erwachsenen zu orientieren haben.
- Das Interesse am kirchlichen Leben nimmt deutlich ab. Religion wird zur Privatsache. Der Einfluss der christlichen Gemeinde auf die Kinder geht damit deutlich zurück.

Kinder im Zeitalter der industriellen Revolution

Im Fortgang der Geschichte dürfen die gravierenden gesellschaftlichen Entwicklungen und Umbrüche im 19. Jahrhundert nicht übersehen werden. Vor allem durch die Industrialisierung und der mit ihr verbundenen Verelendung großer Bevölkerungsteile änderte sich die Sozialstruktur grundlegend. Darunter hatten besonders die Kinder zu leiden. Kinderarbeit in Fabriken und in Bergwerken war an der Tagesordnung. Hunger, Krankheiten und bitterste Armut bestimmten das Alltagsleben. Verwahrlosung trieb bereits jüngere Kinder auf die Straße. Über den Zustand der Kinder berichtet ein Zeitzeuge: »Diese unglücklichen Geschöpfe entbehren des Genusses frischer Luft, sind schlecht gekleidet, schlecht genährt und verbringen ihre Jugend in Kummer und Elend. Bleiche Gesichter, matte und entzündete Augen, geschwollene Leiber, aufgedunsene Backen, aufgeschwollene Lippen und Nasenflügel, Drüsenschwellungen am Hals, böse Hautausschläge und asthmatische Anfälle unterscheiden sie in gesundheitlicher Beziehung von anderen Kindern derselben Volksklasse, welche nicht in Fabriken arbeiten. Nicht weniger verwahrlost ist ihre sittliche und geistige Bildung.«

All dies führte zu einer allmählichen Auflösung der Christlichkeit in weiten Kreisen der Bevölkerung. Immer mehr Kinder wuchsen in Familien auf, in denen Gebete und biblische Geschichten sowie das Gespräch über den Glauben vernachlässigt wurden. Zugleich mehrten sich die Stimmen derer, die wie etwa der Pädagoge Friedrich Diesterweg (gest. 1866), eine klare Trennung von Kirche und Schule sowie die konfessionelle Neutralität des Religionsunterrichts forderten. Wie reagierten die Kirchen angesichts dieser Entwicklungen?

Vielleicht ist aufgefallen, dass die uns heute vertrauten Formen der kirchlichen Kinderarbeit und des Lebens von Kindern in der Kirchengemeinde bisher kaum vorgekommen sind. Bei allen Veränderungen im Menschenbild und in den Grundsätzen der Erziehung blieb bis in das 19. Jahrhundert hinein das Prinzip erhalten: Die Kirche ist die Kirche der Erwachsenen. Kinder müssen durch geeignete Mittel im Rahmen der Familie auf den Eintritt in die Kirche der Erwachsenen vorbereitet werden. Dies änderte sich aufgrund der gesellschaftlichen Umbrüche schlagartig. Die Glaubensunterweisung einschließlich der Vorbereitung auf die Konfirmation wurde den Eltern zwar nicht gänzlich aus der Hand genommen, aber durch kirchliche Mitarbeiter ergänzt. Anders ausgedrückt: Erst jetzt setzte sich die Einsicht durch, dass Kinder in der Kirche einen eigenen Raum zu beanspruchen hätten, in dem sie als Teil der Gemeinde und nicht zur Vorbereitung auf das Erwachsensein zusammenkommen. Erst jetzt kommt in den Blick, dass sich die Kirche nicht wie von selbst regeneriert, sondern dass die Zukunft der Kirche mit der Glaubensentwicklung und der Glaubensentscheidung der nachwachsenden Generation zusammenhängt.

Nun trat der Kindergottesdienst auf die Bühne der Geschichte. Seine Vorbilder hatte er vornehmlich in

England in der dort schon seit langem verbreiteten Sonntagsschule. Sie galt dort vor allem als Versuch, der Verwahrlosung in den industriellen Zentren entgegenzuwirken. Auch in den Vereinigten Staaten von Amerika fand das Konzept wegen der dort praktizierten Trennung von Kirche und Staat und dem damit verbundenen Fehlen des Religionsunterrichts an öffentlichen Schulen großen Anklang. Aber auch in Deutschland gab es Nachahmer, die bereits Vorbilder und Anknüpfungspunkte besaßen.

In diesem Zusammenhang ist die Arbeit mit Kindern zu nennen, die Johann Friedrich Oberlin (gest. 1826) und Louise Scheppler (gest. 1837) schon seit etwa 1780 begonnen hatten. Ihnen ging es um kleine Kinder in ihren armen Gemeinden im Elsass. Worin die Bemühungen im Bereich der religiösen Erziehung bestanden, verdeutlicht das folgende Zitat von Oberlin: »Man berichtet den Knaben und Mädchen die Geschichten aus der Heiligen Schrift. Man lässt sie auswendig lernen, Gesangbuchlieder und geistliche Lieder, man erklärt ihnen den Sinn der Lieder, man erzählt ihnen verschiedene erbauliche Geschichten, ihrem Alter und ihrer Auffassungsgabe entsprechend. Und endlich versucht man das Gebet des Herzens nahe zu bringen, indem man mit ihnen kniend betet, und man betet in einer Art und Weise, wie sie es verstehen können.«

Ab dem zweiten Drittel des 19. Jahrhunderts breitet sich die »Kinderkirche«, die später einheitlich »Kindergottesdienst« genannt wird, als Laienbewegung in Deutschland aus, unterstützt durch Kirchen aus den USA. Die Zielstellung des Kindergottesdienstes war gemeindepädagogisch und missionarisch. Längere Zeit war es umstritten, ob für die Kinder ein eigener Gottesdienst oder die Sonntagsschule eingerichtet werden sollte. Die Entscheidung fiel schließlich zugunsten eines Gottesdienstes mit Predigt. Dieser fand parallel zum Hauptgottesdienst oder danach statt. Der Theologe Friedrich Niebergall (gest. 1932) stellt 1919 fest: »Der Kindergottesdienst tritt immer mehr an die Stelle der Sonntagsschule, denn die Kinder wollen nicht nur unterrichtet werden, sie wollen vor allem feiern und sie sollen feiern lernen.«

Die Zeit war nun endgültig vorbei, in der man davon ausging, dass getaufte Kinder selbstverständlich und gegebenenfalls auch ohne jegliche christliche Erziehung zur Gemeinde gehörten. Statt dessen war man überzeugt, dass die Kirche ihnen Räume anbieten muss – im buchstäblichen und im übertragenen Sinn. Der leitende religionspädagogische Gedanke am Ende des 19. Jahrhunderts sah entsprechend eine christliche Erziehung in drei Stufen vor: Elternhaus – Kindergottesdienst – Konfirmandenunterricht.

In der Mitte des Jahrhunderts wurde auch die Notwendigkeit offenbar, die Familien bereits vor Beginn der Schulzeit bei der Erziehung zu unterstützen. Den ersten Kindergarten im modernen Sinn in Deutschland hatte Fröbel 1840 eröffnet. Seit dem Jahr 1873 gab es allen zugängliche Volkskindergärten und bald auch gemeindenahe Kindergärten in kirchlicher Trägerschaft.

Neben den kirchlichen Angeboten lag die eigentliche Unterweisung der Kinder beim schulischen Unterricht. Bis zu Beginn des 19. Jahrhundert war die kirchliche Bindung des gesamten Schulwesens unumstritten. Erst allmählich – durch Aufklärung und gesellschaftliche Veränderungen nach 1815 – war die Bekenntnisschule in die Kritik geraten. Darüber hinaus wurde der Religionsunterricht als primärer Weg der Weitergabe christlichen Glaubenswissens spätestens seit dem Ende des 19. Jahrhunderts in Frage gestellt und musste pädagogisch wie theologisch gerechtfertigt werden. Dennoch blieben die Kirchen, soweit ihnen der Staat dazu die Möglichkeit gab, bei dieser Form der Unterweisung und entwickelten sie kontinuierlich weiter.

Zusammenfassend können wir festhalten:

- Die Industrialisierung führt zu einer massenhaften Verelendung der Bevölkerung.

- Hand in Hand mit den gesellschaftlichen Wandlungen ist ein zunehmender Zerfall christlichen Alltagslebens und kirchlicher Bindungen zu beobachten.
- Die Kirche entdeckt den Gedanken, dass ihr Fortbestehen maßgeblich von der Glaubenserziehung und der Glaubensentscheidung der Kinder abhängt.
- Kindern wird innerhalb der Kirche ein eigener Platz eingeräumt. Der Kindergottesdienst wird als Ergänzung – und oftmals als Ersatz – einer religiösen Erziehung im Elternhaus eingeführt.

Kinder im 20. Jahrhundert

Bereits vor der Jahrhundertwende wurde – wie wir gelesen haben – deutlich, dass dem schulischen Religionsunterricht gleichsam eine zweite Säule in Form der Katechetik zur Seite gestellt werden müsse. Schon Schleiermacher hatte betont, die Katechetik sei ihrem Wesen nach eine Lebensfunktion der Kirche. Dies war nicht als Ersatz für den Religionsunterricht gemeint. Da sich nun aber immer mehr auch getaufte Kinder und Jugendliche vom Leben der christlichen Gemeinde zu entfernen drohten, wurde die Katechetik zu einer notwendigen Aufgabe zur Einübung christlichen Lebens. Man betrachtete Religionsunterricht und gemeindlichen Unterricht als zwei Seiten einer Sache. Die Schule sollte für die christliche Kultur erziehen, die Kirche dagegen für das Leben in der Gemeinde. Der spürbare Verlust der gesellschaftlichen Prägekraft und des kirchlichen Kulturmonopols rechtfertigten diese doppelte Aufgabenstellung.

Während der Zeit des Nationalsozialismus und in der DDR fiel die gesamte religiöse Unterweisung der Kirche zu, was spezielle Prägungen sowohl der Katechetik als auch des Kindergottesdienstes zur Folge hatte: es ging nun stärker als vorher auch um die Weitergabe des Glaubenswissens. So hatte sich die Stellung der Kinder in Kirche und Gemeinde vom 19. Jahrhundert bis in die Mitte des 20. Jahrhunderts sehr verändert. Die entscheidende Veränderung war allerdings der jüngeren Vergangenheit vorbehalten. Sie hatte mit einem Wechsel der Blickrichtung zu tun, der endgültig dazu verhalf, Kinder nicht mehr als Objekte von Erziehung, Betreuung und als Bewohner einer separaten Welt, die man ihnen auch in der Kirche zugewiesen hatte, zu betrachten. Vielmehr wurde im Verlauf der letzten Jahrzehnte deutlich, dass Erwachsene, Jugendliche und Kinder gemeinsam die Kirche bilden und voneinander wechselseitig lernen können.

Dies alles geschah parallel zu und in Verbindung mit Entwicklungen außerhalb der Kirche: Der rechtliche Schutz von Kindern wurde verbessert, die UNO fand zu einer »Erklärung der Rechte des Kindes«, die zu einer Konvention im Jahr 1989 weiterentwickelt wurde. In der Bundesrepublik führten vor allem nach 1968 neo-marxistische Orientierungen und der Ruf nach einer antiautoritären Erziehung zu einer neuen Verhältnisbestimmung von Erwachsenen und Kindern. Hierarchien in der Familie wurden in Frage gestellt und die Freiheit für Kinder angesichts der herrschenden Ansprüche der Erwachsenen eingeklagt. Kinder erhielten Sitz und Stimme in Familienkonferenzen. Alternative Kinderläden traten neben Kindergärten. Kommunen und Wohngemeinschaften sprengten das traditionelle Bild vom Zusammenleben der Generationen. Eltern wurden oftmals mit Vornamen angeredet.

Später entdeckte die Wirtschaft Kinder als Verbraucher. Die Freizeitindustrie bemächtigte sich ihrer als Konsumenten.

Nach Neil Postman (geb. 1931) führte zugleich das Fernsehen, das anders als das Buch nicht die Kunst des Lesens erfordert, Erwachsene und Kinder in einem Bereich zusammen, in dem sie früher streng getrennt waren, und bewirkte dort ein teilweises Zurückgehen in Verhältnisse, wie sie im Mittelalter gegeben waren.

Das Gesagte lässt sich in zwei Tendenzen zusammenfassen:

- Die Generationen wurden in einer Lebenswelt zusammengeführt.
- Zugleich wurden die Rechte der Kinder auf ein Eigenleben ernst genommen.

Insofern die Kirchen an diesen Entwicklungen teilhatten und diese zum Teil unterstützten, konnten sie dies im Rückgriff auf Traditionen tun, die maßgeblich von der biblischen Überlieferung beeinflusst waren. Zu denken ist dabei an die in den Evangelien aufbewahrte Rede von den Kindern als den Besitzern des Reiches Gottes und als den »Größten«, von denen die Jünger lernen sollen. Ebenso konnte man sich an die weithin in Vergessenheit geratene Lehre Luthers vom Glauben der Kinder erinnern. Denn das 20. Jahrhundert hatte sichtbar gemacht, wie stark schon bei kleinsten Kindern von einer eigenständigen Persönlichkeit zu sprechen ist und wie differenziert ihre Haltungen des Vertrauens und des Misstrauens, der Freude und der Angst, des Mitleidens und der Partnerschaft sind. Sollte dies im Raum der Gemeinde, dort, wo das Evangelium verkündigt wird, nicht auf Gott bezogen werden können als eigenständiger, trotz mangelnder Kenntnisse vollwertiger Bezug? Sollten dann nicht die bei Jesus bevorzugten Kinder, die zwar viel zu lernen haben, aber zugleich Lehrer und Begleiter für andere auf dem Weg des Glaubens sind, auch in der Gemeinde gleiche Rechte haben wie die Erwachsenen?

Diese Fragen wurden ernst genommen. In kurzer Zeit entwickelten sich in den evangelischen Kirchen eine Reihe neuer Formen der Gemeindearbeit. Die wichtigsten davon neben Jungschar und Mutter-Kind-Kreisen wollen wir im Folgenden kurz skizzieren.

Familiengottesdienst: Der Familiengottesdienst hat sich seit den 70er Jahren sowohl in den Städten als auch auf dem Land durchgesetzt. Er ist die wichtigste Gestalt eines alternativ gestalteten Gottesdienstes. Wir wissen, dass »Familiengottesdienst« eine Sammelbezeichnung ist und für viele Formen steht, mit denen auf die Krise des Kinder- wie des Erwachsenengottesdienstes reagiert wurde. Mitte der 50er Jahre ist der Familiengottesdienst in den Kirchen der DDR »erfunden« worden. Er berücksichtigt die Erkenntnis, dass die Familie vor allem der Ort religiöser Sozialisation ist, und führt die in der Kirche oft getrennten Generationen zusammen. Gegenwärtig entwickelt sich der Familiengottesdienst zu einem Gottesdienst für alle und findet damit zu den Wurzeln zurück, denn eine Trennung der Generationen dürfte es zu Beginn der Christenheit nicht gegeben haben.

Abendmahl mit Kindern: Gemessen an der Selbstverständlichkeit, mit der über lange Zeit die erste Teilnahme am Abendmahl mit der Konfirmation verbunden war, ist die Einladung von Kindern an den Tisch des Herren an vielen Orten schnell üblich geworden. Eine Gabe Gottes wurde und wird so an die Kinder zurückgegeben, nachdem sie ihnen über Jahrhunderte vorenthalten worden war. Die Frage des Kinderabendmahls war schon einmal um das Jahr 1900 diskutiert worden. Die Reformer konnten sich damals jedoch nicht durchsetzen. Die neuere Entwicklung begann um das Jahr 1970 und kam bereits 15 Jahre später in den meisten Landeskirchen in Ost- wie in Westdeutschland zu einem vorläufigen Ziel.

Kinderbibelwoche: Auch sie ist ein Versuch, Kindern dort zu begegnen, wo sie wirklich leben und sie mit biblischen Inhalten und Angeboten nicht in einer von den Erwachsenen künstlich geschaffenen Lernwelt, sondern in ihrer eigenen Erlebniswelt bekannt zu machen. Dabei kommt es entscheidend darauf an, Kindern zu zeigen, wie sie mit der biblischen Botschaft leben können. Gleiches gilt für die in vielen Formen anzutreffenden Rüst- und Freizeiten mit Kindern oder Familien.

Krabbelgottesdienst: Der Krabbelgottesdienst verweist zunächst darauf, dass auch im Vorschulalter die religiöse Erziehung, die die Tradition in den Händen der Eltern weiß, nach Hilfe in der Gemeinde sucht. Zugleich zeigt der Krabbelgottesdienst, dass es heute selbstverständlich ist, was lange Zeit eher seltsam angemutet hätte: Auch die Kleinsten gehören in die Mitte der Gemeinde. Erwachsene und Kinder finden an *einem* Ort und in *einem* Lob Gottes zusammen.

Diese Angebote dürfen uns aber nicht darüber hinwegtäuschen, dass in vielen Gemeinden die Kinder keineswegs im Mittelpunkt stehen. Darauf verweist nicht zuletzt die Synode der EKD, die im Jahr 1994 in Halle/Saale stattgefunden hat. Sie stand unter dem Thema »Aufwachsen in schwieriger Zeit – Kinder in Gemeinde und Gesellschaft«. Bei dieser Synode wurde ein Perspektivenwechsel gefordert: Es solle nicht aus der Sicht der Erwachsenen auf Kinder und deren Besonderheiten geschlossen werden, sondern es müsse vom Kind her gedacht werden. Dabei war ein Leitsatz: »Die Kirche braucht Kinder, um von ihnen und mit ihnen zu lernen.«

Die Forderung der Synode zeigt, dass der Prozess der Besinnung auf das Kind noch im Gang ist. Damit ist die Aufgabe verbunden, in der Gemeinde zu überlegen, in welchem Verhältnis wir auf der einen Seite das, was durch die Erbsündenlehre hinsichtlich der Defizite der kreatürlichen Existenz der Kinder festgehalten wird, und auf der anderen Seite die Anerkennung, die Kinder bei Gott vor und in der Taufe finden, zusammendenken und mit der Erziehung und Bildung verbinden wollen. Dass Kinder zwar keine Erwachsenen sind, aber doch vollwertige Menschen und dass sie in der Taufe zu vollwertigen Gemeindegliedern werden, darf dabei als Erkenntnis nicht mehr vergessen werden. Wie wir Erwachsenen mit Kindern leben, mit ihnen und von ihnen lernen und an sie weitergeben, was uns aufgrund unserer eigenen Glaubenserfahrungen wichtig erscheint, bleibt eine Frage, der wir uns immer wieder neu zu stellen haben. Sie besitzt grundlegende Bedeutung für das Leben der Kirche und Gesellschaft in der Gegenwart und in der Zukunft.

Zusammenfassend können wir festhalten:

- Neben dem Religionsunterricht entwickelt sich die kirchliche Unterweisung als Aufgabe, die Kinder in das Leben der christlichen Gemeinde einzuführen.
- Damit verbunden ändert sich der Blickwinkel, unter dem in der Kirche die Kinder gesehen werden. Die Gemeinschaft von Erwachsenen, Jugendlichen und Kindern wird betont.
- Parallel dazu wird das Eigenrecht der Kinder hervorgehoben. Dies zeigt sich vor allem in der entsprechenden Konvention der UNO.
- Die neue Sicht der Kinder findet innerhalb der Kirche ihren Niederschlag in verschiedenen Angeboten, zu denen u. a. Familiengottesdienste, Krabbelgottesdienste und Kinderbibelwochen gehören.
- Der Perspektivenwechsel, der bei der Synode in Halle 1994 gefordert wurde, verdeutlicht, dass sich die veränderte Sicht von Kindern in der Kirche keineswegs durchgängig durchgesetzt hat. Es gilt, in Kirche und Gesellschaft vom Kind her zu denken und Kinder als vollwertige Persönlichkeiten ernst zu nehmen.
- Nach wie vor muss darüber nachgedacht werden, wie wir in der Kirche und in der Gesellschaft mit Kindern leben und lernen können. Dabei ist von grundlegender Bedeutung, die Defizite der kreatürlichen Existenz mit der Anerkennung zusammenzudenken, die Kinder bei Gott vor und in der Taufe finden, um daraus angemessene erzieherische Konsequenzen zu ziehen.

Fragen zum Nachdenken und Diskutieren

- Wie kam der Kirchenvater Augustin zu der Aussage: »Nein, Herr, es gibt keine kindliche Unschuld«, und wie begründete er sie?
- Wie beurteilen Sie die Rolle der Klöster bei der Erziehung im Mittelalter?
- Wie ist zu erklären, dass in den Märchen so selten der christliche Glaube und die christlichen Gemeinden vorkommen?
- Wie konnte es zu dem sogenannten »Kinderkreuzzug« kommen?
- Welche theologischen Überlegungen führen bei Martin Luther zur Lehre vom »Glauben der Kinder«?
- Wie unterscheidet sich das Verständnis der Kindertaufe bei Erasmus von Rotterdam von dem bei Martin Luther?
- Warum war den Reformatoren nachdrücklich am Ausbau des Schulwesens gelegen?
- Welche pädagogischen Konsequenzen ergeben sich aus Jean-Jacques Rousseaus Satz »Alles ist gut, wenn es aus den Händen des Schöpfers hervorgeht, alles entartet unter den Händen des Menschen«?
- Nikolaus Ludwig von Zinzendorf sagt: »Kinder sind kleine Majestäten, die Taufe ist ihre Salbung und sie sollten von Stund an nicht anders tractirt werden als ein geborener König.« Was folgt aus diesem Satz erzieherisch?
- Welche Probleme und Chancen waren mit der Übernahme der gesamten christlichen Unterweisung durch die Kirchen im Dritten Reich und in der DDR verbunden?
- Welche Rolle spielen Kinder in ihrer Gemeinde? Wie werden sie wahrgenommen? Welche kirchlichen Angebote gibt es für sie? Welche weiteren Angebote erscheinen wünschenswert?
- Wie lässt sich eine Erziehung denken, die das Geschenk der Taufe ernstnimmt?

3. Kinder in der gegenwärtigen Gesellschaft

In den vorausgegangenen Kapiteln ging es darum, die Bedeutung der Kinder im Licht des Neuen Testaments und das Verständnis der Kindheit im Zusammenhang mit der Taufpraxis der Kirche darzustellen. Dabei war die Frage leitend, inwiefern die Stellung, die Jesus den Kindern in der Welt der Erwachsenen beigemessen hat, in der Geschichte der Kirche eingelöst wurde. Entsprechungen und Widersprüche zeigten sich hierbei vor allem in der theologischen Bewertung der Kindheit und den daraus gezogenen pädagogischen Konsequenzen.

In diesem Kapitel soll näher auf die Kindheit in der gegenwärtigen Gesellschaft eingegangen werden. Dabei sind drei Fragen leitend:

- Wie wird Kindheit in der heutigen Gesellschaft verstanden?
- Wie bewerten Kinder selbst die Lebensphase, in der sie sich befinden?
- Welche Bedingungen führen zum Wohlbefinden der Kinder in unserer Gesellschaft?

Verständnis von Kindheit in der heutigen Gesellschaft

In der Soziologie wird Kindheit nicht als eine biologische Tatsache angesehen, die an das Lebensalter gekoppelt ist, sondern als ein gesellschaftliches Phänomen, das geschichtlich bedingt ist. Darauf verweist Philippe Ariès. Ein eigenes Verständnis von Kindheit entstand nach seiner

Meinung zu dem Zeitpunkt, als das Interesse an Bildung erwachte und für Kinder Schulen eingerichtet wurden. Vorher gab es Kindheit als eigenständige Lebensphase in der Geschichte der Menschheit nicht. Das Kind wuchs, sobald es die unmittelbare Fürsorge der Eltern nicht mehr brauchte, in Lebensräume hinein, die für junge wie alte Menschen gleich zugänglich waren. Das bedeutet, dass ein Kind, bis in den Intimbereich hinein, alle Lebensvollzüge der Erwachsenen kannte und an ihnen mehr oder weniger aktiv teilnahm. Erst mit der Einrichtung der Schule wurden Kinder nach Ariès gleichsam in eine »pädagogische Quarantäne« hineingezwängt. Sie trennte die Kinder von den Erwachsenen. Ihr ursprünglicher Platz inmitten der Gesellschaft ging damit verloren. Den Kindern wurde ein Schonraum zugewiesen, der von nun an als Kindheit verstanden wurde.

Beklagt Ariès das Entstehen der Kindheit und den damit verbundenen Freiheitsverlust von Kindern im gesellschaftlichen Gesamtzusammenhang, so stellt der Amerikaner Neil Postman mit Bedauern fest, dass in der Gegenwart die Kindheit verschwinde. Er sieht – ähnlich wie Ariès – das Aufkommen der Kindheit in engem Zusammenhang mit der schulischen Erziehung der Kinder. Warum dies notwendig war, führt er auf die Entdeckung der Druckerpresse zurück. Sie war es, die den Menschen in bislang unvorstellbarer Weise Zugang zur Literatur verschaffte. Um von ihr Gebrauch machen zu können, war es erforderlich, Lesen und Schreiben zu lernen. Diese Aufgabe kam einem bestimmten Abschnitt im Leben der jungen Menschen zu. Durch das Erlernen des Lesens und Schreibens wurde nach Postman die Kindheit definiert. Wörtlich heißt es in diesem Zusammenhang bei ihm: »Ein des Lesens kundiger Erwachsener hatte Zugang zu dem gesamten heiligen und profanen Wissen, das in Büchern aufgezeichnet war, zu den vielfältigen Formen der Literatur und zu allen überlieferten Schätzen der menschlichen Erfahrung. Kindern war dieser Zugang meistenteils versperrt. Gerade deshalb waren sie ja Kinder. Und deshalb mussten sie zur Schule gehen.«

Auch durch die Auswahl der Literatur für Kinder wurde die Kindheit mitbestimmt. Die Erwachsenen besaßen ein »Wissensmonopol«. Sie bestimmten, was von den Kindern gelesen werden durfte und was nicht. Damit nahmen sie in entscheidender Weise auf die Inhalte der Erziehung Einfluss. Unvorstellbar wäre es gewesen, Kindern beispielsweise unsittliche oder ketzerische Literatur zuzumuten. Für Kinder wurde die Literatur ausgewählt, die für sie – von ihren geistigen und sittlichen Voraussetzungen her – sinnvoll erschien.

Wieso Postman von einem »Verschwinden der Kindheit« sprechen kann und diesem Thema ein ganzes Buch widmet, hängt mit den modernen Möglichkeiten der Telekommunikation zusammen. Weil sie – besonders in der Form des Fernsehens – allen zugänglich ist, wird die Kindheit als eigenständige Bildungsphase nivelliert und zum Verschwinden gebracht. Denn das Fernsehen wendet sich ohne Unterschied an alle Altersgruppen. Um fernsehen zu können, ist es nicht nötig, irgendwelches Vorwissen zu haben oder bestimmte Kenntnisse zu besitzen – schon gar nicht, lesen oder schreiben zu können. In dem Maße nun, wie das Fernsehen das Alltagsleben beherrscht, werden kulturelle Anstrengungen und Leistungen in Frage gestellt. Die Kindheit verliert somit ihre bestimmende Kraft.

Noch radikaler äußert sich der deutsche Soziologe Heinz Hengst im Hinblick auf die heutige Kindheit. Er spricht nicht nur von einem Verschwinden, sondern sogar von einer »Liquidation« der Kindheit. Zu dieser Aussage gelangt er durch die Gegenüberstellung der Lebenswelten von Kindern und Erwachsenen. Bedingt durch eine vergleichbare Freizeitwelt von Kindern und Erwachsenen sowie durch die Industrialisierung der beruflichen und schulischen Arbeit werden die einstmals bestehenden Unterschiede in der modernen Gesellschaft zwischen den

Generationen aufgehoben. Dadurch, dass die Kinder weitgehend an den gleichen Freizeitangeboten teilnehmen wie die Erwachsenen und die Arbeit in der Schule den gleichen Gesetzmäßigkeiten unterworfen ist wie die Arbeit im Berufsleben, erscheint es nach Hengst nicht mehr sinnvoll, von der Kindheit als eigenständiger Lebensphase zu sprechen.

Der amerikanische Kinderpsychologe David Elkind sieht die Kindheit in der Gegenwart vor allem dadurch bedroht, dass Kinder in allen Bereichen der Persönlichkeit fortgesetzt überfordert werden. Das geschieht seinen Beobachtungen nach zum einen durch zu frühe Leistungsanforderungen, die jungen Menschen bereits lange vor Eintritt in die Grundschule und während der Schulzeit abverlangt werden. Besonders bedroht sieht er die Entwicklung der Persönlichkeit von Vorschulkindern, weil immer mehr Eltern dazu neigen, durch ehrgeizige Vorschulprogramme ihre Söhne und Töchter zu »Super Kids« zu erziehen. Dabei geht es vor allem um eine Frühförderung im intellektuellen, musikalischen und sportlichen Bereich. Jungstars werden oft zu Vorbildern einer leidvollen Erziehung, die keine Rücksicht auf die natürlichen Entwicklungs- und Reifungsprozesse der Kinder zu nehmen scheint. Zum anderen werden die Kinder nicht selten bei familiären Konfliktsituationen in die Rolle von erwachsenen Gesprächspartnern gedrängt. Dies geschieht besonders, wenn Kinder bei nur einem Elternteil aufwachsen. Selbst Kinder im Vorschulalter dienen nach Elkind vereinsamten Vätern oder Müttern oft als Adressaten, um ihre psychischen Probleme zur Sprache zu bringen. Die betroffenen Kinder werden dadurch seelisch völlig überfordert. Dabei geht es nicht nur um die Frage der Parteinahme für den einen oder anderen Elternteil, sondern vor allem um die fehlenden Voraussetzungen der Kinder, die elterlichen Konflikte mit hinreichender Distanz wahrzunehmen und zu verarbeiten. Schließlich beeinträchtigen nach Elkind die Angebote der Medienwelt die Entwicklung des kindlichen Gefühlslebens. Aufgrund seiner Erfahrungen aus der therapeutischen Praxis gelangt er zu der Schlussfolgerung, dass Kinder zum Erwachsensein gezwungen werden. Dadurch geht die Kindheit zwangsläufig verloren.

Weitere Schlagworte, mit denen die heutige Kindheit zusammenfassend charakterisiert wird, sind »Marginalisierung«, »Verhäuslichung«, »Verinselung« oder »Pädagogisierung«.

»Marginalisierung« soll zum Ausdruck bringen, dass Kinder gegenwärtig immer mehr an den Rand der Gesellschaft gedrängt werden. Dies hängt unter anderem auch damit zusammen, dass die Geburtenraten drastisch zurückgehen und die Kinder damit zahlenmäßig einen geringen Teil der Gesamtbevölkerung ausmachen. Gleichzeitig nimmt der Anteil an alten Menschen immer mehr zu. Der Rückgang der Geburtenzahlen zeigt sich besonders auffallend in den neuen Bundesländern. Der geringe gesellschaftliche Status der Kinder gegenüber den älteren Menschen wird dadurch unterstützt, dass letztere politisch als Wählerinnen und Wähler wesentlich interessanter sind als Kinder, die kein politisches Stimmrecht haben. Die Folge davon ist, dass Machtinteressen zunehmend mehr mit dem Wählerpotential älterer Menschen verwirklicht werden können. Bedürfnisse und Interessen der Kinder finden vor diesem Hintergrund politisch weit geringere Beachtung.

Mit dem Begriff der *»Verhäuslichung«* soll zum Ausdruck gebracht werden, dass der Lebensraum der Kinder, verursacht durch die zunehmende Verkehrsdichte, fortgesetzt gefährdeter und damit eingeengter erscheint. Kinder können sich aufgrund drohender Gefahren nur bedingt in ihrer unmittelbaren Wohnumgebung aufhalten und dort spielen. Die Folge davon ist, dass sie sich vor allem auf die Wohnung beschränken müssen. Wenn sie im Freien spielen, stehen sie gewöhnlich unter Aufsicht von Erwachsenen.

Das Schlagwort der »*Verinselung*« macht darauf aufmerksam, dass sich das Leben der Kinder in ihnen zugewiesenen Räumen abspielt. Dazu zählen bestimmte Grünanlagen oder Spielplätze, die inselartige Freiräume für die Kinder darstellen. Weitere »Inseln« sind für sie beispielsweise der Kindergarten, Sportvereine oder Angebote der Kirchengemeinden, zu denen sie in der Regel wegen der Entfernung oder der Verkehrssituation von Erwachsenen oder älteren Geschwistern gebracht werden müssen.

Aufgrund der großen Aufmerksamkeit, die Kindern gegenwärtig im Hinblick auf Bildung geschenkt wird, ist es auch üblich geworden, von einer »*Pädagogisierung*« der Kindheit zu sprechen. Oftmals werden Kinder bereits im Vorschulalter mit Bildungsangeboten konfrontiert, damit sie in der Schule gute Startchancen haben, oder es ist das Anliegen der Eltern, wie wir bereits in der Beschreibung der Kindheit bei Elkind gesehen haben, Kinder im sportlichen oder musikalischen Bereich auf Höchstleistungen zu trimmen.

Zusammenfassend können wir festhalten:

- Die Kindheit wird als eigenständige Lebensphase gesehen. Ihre Hauptaufgabe besteht darin, Kindern Lesen und Schreiben beizubringen, um ihnen den Zugang zur Literatur zu ermöglichen.
- Gegenwärtig ist die Kindheit auf mannigfaltige Weise durch gesellschaftliche Wandlungsprozesse bedroht.
- Im Gegensatz zu Ariès werden von den meisten Autoren die Einschränkungen der Kindheit beklagt, weil den Kindern dadurch ein Schonraum verloren gehe, der ihnen die Möglichkeit gibt, sich ihren Voraussetzungen entsprechend zu entwickeln.
- Kinder sind Überforderungen ausgesetzt, die sich vor allem in geistiger, emotionaler und körperlicher Hinsicht zeigen.

Aussagen von Kindern zur Kindheit

Vor dem Hintergrund der Auskünfte aus wissenschaftlicher Sicht wollen wir im Folgenden auf einige Informationen über die Kindheit eingehen, die von Kindern selbst stammen. Dabei greifen wir auf eine Untersuchung zurück, die mit Kindern im Alter von neun bis elf Jahren in Aachen, Leipzig und Mödling bei Wien durchgeführt wurde. Im Rahmen von Interviews wurden sie gebeten, darüber Auskunft zu geben, wie sie ihre Kindheit verstehen und bewerten.

Die meisten Kinder äußerten sich positiv – einige sogar überschwänglich – über die Lebensphase, in der sie sich gerade befinden. Dabei lassen sie sich in der Regel von einem Vergleich mit ihren Eltern oder pauschal mit Erwachsenen leiten. Worin besteht nun für die befragten Jungen und Mädchen das Besondere der Kindheit?

An erster Stelle weisen sie darauf hin, dass man als Kind spielen kann. Tina sagt zum Beispiel: »... dass man so schön spielen kann ...« Und Matthias führt »das Spielen und Beschäftigtsein« als Besonderheiten der Kindheit an. Im Hinblick auf die Erwachsenen stellen einige fest, dass sie nicht mehr spielen können oder wollen. Dies geht aus der Aussage von Jonas hervor, der das Kindsein besser findet als das Erwachsensein, »weil da kann man noch spielen«. Etwas wehmütig bemerkt er, dass die Erwachsenen beim Spielen nur noch »helfen«. Schließlich findet Laura die Vorstellung geradezu lächerlich, dass Erwachsene Sandburgen bauen würden.

Ein weiteres wesentliches Merkmal der Kindheit sehen die Befragten darin, dass sich Kinder dadurch auszeichnen, dass sie Phantasie haben. Klaus sagt dazu: »Ich find' wirklich diese Phantasie von Kindern, und dass man noch ganz komische Ideen auch oft hat, einfach schön ...« Phantasie geht den Erwachsenen aus der Sicht der Kinder weitgehend ab. Entsprechend äußert sich Norbert: »Kinder haben mehr Phantasie und die Erwachsenen, die wissen alles genau, müssen alles genau sagen und so – die haben keine richtige Phantasie mehr.«

Positiv äußern sich manche dazu, dass sie als Kinder Zeit haben. Dabei ist der Begriff der Zeit zunächst auf die Gegenwart bezogen. Im Vergleich zu den Erwachsenen haben sie mehr Zeit, um zu spielen und ihre Freizeit zu genießen. Joachim äußert sich entsprechend: »Dass man nicht so viel arbeiten muss … da kann man sich auch mehr erlauben … und als Kind hab' ich halt viel mehr Zeit.« Daneben denken Jungen und Mädchen darüber nach, dass sie als Kinder noch ein langes Leben vor sich haben und in Zukunft noch vieles erleben und erforschen können. Dagmar sagt zum Beispiel: »… dass man noch viel erleben kann, dass man noch viel vor sich hat.« Christoph bemerkt kritisch: »Erwachsene können vielleicht Auto fahren, wenn sie den Führerschein gemacht haben, aber sie können eben nicht mehr allzu viele Dinge im Leben erleben, nicht mehr so viele Dinge sehen und machen … Also, die haben ja dann schon so Sachen gemacht, aber manche Sachen vielleicht auch nicht, was man (als Kind) mehr sieht.« Auch Tina äußert sich dazu: »Beim Kind, da muss man noch nicht so viel lernen und kann man noch viel forschen, wie's weitergeht im Leben. Beim Erwachsenen ist das nicht mehr so, der hat einen Beruf und so. Und jetzt in der Schule, da hat man noch andere Wege.«

Einige Kinder sind deshalb gern Kind, weil sie sich keine Sorgen machen und keine Verantwortung tragen müssen. Wiederum ist es der Vergleich mit den Erwachsenen, durch den sie zu diesem Urteil gelangen. Dazu eine kleine Auswahl von Äußerungen. Ina bemerkt: »Jetzt muss ich mir eigentlich ja noch nicht so große Sorgen machen … ich muss eigentlich nur zur Schule gehen und das andere kann ich mir aussuchen.« Janina lässt uns wissen: »… dass man von den ganzen Sorgen – mit der Bank, dem Kredit, da noch 'ne Rechnung und da noch dies und das – nicht so viel mitbekommt.« Julia findet es als Kind schön, »... dass man nicht so direkt auf sich achten muss, ... dass man noch nicht direkt auf freiem Fuß sitzt, sich nicht um alles kümmern muss. Dass man auch noch bei seinen Eltern wohnt.« Und Edith stellt fest: »... dass man nicht so viel Verantwortung tragen muss.«

Für manche Kinder mischen sich in die Vorzüge der Kindheit negative Erfahrungen. Was sie am meisten belastet, das ist die Schule. Am deutlichsten äußert sich Dagmar dazu. Sie möchte gern älter sein, weil sie dann ein paar Schuljahre weniger vor sich hätte. Bedenken im Hinblick auf die Schule deuten sich bei anderen Kindern an, die sich Sorgen wegen schlechter Leistungen machen. Lea schließlich hat Schwierigkeiten mit ihren Hausaufgaben, weil sie dafür Zeit verwenden muss, die sie lieber mit anderen Dingen ausfüllen würde.

Auf einer anderen Ebene liegt die kritische Auseinandersetzung mit der Kindheit bei einigen Mädchen. Sie empfinden es als störend und teilweise ärgerlich, dass sie Anweisungen der Eltern ausgesetzt sind, ohne die Möglichkeit der Mitbestimmung zu haben. Liesel bemerkt in diesem Zusammenhang: »Manchmal wär' ich auch schon gern erwachsen, da kann man vielleicht mitbestimmen und so was ...« Im Hinblick auf die Autoritätskonflikte, die Liesel erlebt, entsteht der Wunsch, der bei manchen Kindern typisch ist, am liebsten wieder ein Vorschulkind zu sein, um dadurch von der Mitverantwortung für das familiäre Zusammenleben entlastet zu sein. Radikaler als Liesel äußert sich Ina zu den Konflikten mit ihren Eltern. Sie bemerkt: »Manchmal wünsch' ich mir auch schon, ich wär' schon groß und könnte selbst sagen, was ich will, dass da meine Mutter mir halt nichts mehr verbieten kann ... und (ich) dann selbst sagen kann, das will ich jetzt, das will ich nicht, und dass mir das keiner mehr verbieten kann.«

Zusammenfassend können wir festhalten:

- Fast uneingeschränkt äußern sich die befragten Kinder positiv über die Lebensphase, in der sie sich befinden.
- Wichtig ist ihnen, dass sie spielen können, Phantasie besitzen, über genügend Zeit verfügen und sich keine Sorgen machen müssen.
- Als Belastung empfinden einige Kinder die Schule und die Zeit, die sie für Hausaufgaben verwenden müssen.
- Negativ erleben manche Mädchen, dass sie den Anweisungen der Eltern ausgesetzt sind und nicht das tun können, was sie gern tun wollen.

Die eben zitierten Äußerungen der Kinder stehen weitgehend im Widerspruch zu den oben erwähnten schlagwortartigen Charakterisierungen der Kindheit, wie sie in der soziologischen Literatur zu finden sind. Wie lassen sich die Unterschiede erklären? Ein wichtiger Grund besteht darin, dass die von uns zitierten Kinder die Lebensphase, in der sie sich befinden, vor dem Hintergrund der Erwachsenen beschreiben und bewerten. Im Unterschied zum Leben der Erwachsenen erscheint ihnen das Dasein als Kinder positiv. Ein weiterer Grund scheint darin zu bestehen, dass es für sie nicht möglich ist, ihre eigenen Erfahrungen als Kinder mit anderen Erfahrungen zu vergleichen. Dies wäre dann möglich, wenn sie – im Bild gesprochen – aus dem Strom heraussteigen könnten, in dem sie sich befinden, um ihn von außen zu betrachten.

Der zunächst positive Gesamteindruck verändert sich, wenn Kinder zu einzelnen Lebensbereichen befragt werden. Dabei werden wir auf Gesichtspunkte aufmerksam, die das Wohlbefinden der Kinder in unserer Gesellschaft teilweise erheblich belasten können. Darüber gibt eine Studie Auskunft, die von Liselotte Wilk und Johann Bacher herausgegeben worden ist. Auf sie wollen wir im Folgenden bei der Beantwortung der Frage nach dem Wohlbefinden von Kindern in der heutigen Gesellschaft näher eingehen.

Anmerkungen zum Wohlbefinden von Kindern in der heutigen Gesellschaft

Bei der folgenden Darstellung lassen wir uns von Kinderaussagen zu folgenden Lebensbereichen leiten: Leben in der Familie, Wohnumgebung und Wohnung der Kinder, Freundschaften und Freizeitgestaltung, Umgang mit Fernsehen und Video sowie Schule als Lebenswelt. Aufgrund der kindlichen Äußerungen werden wir ein Bild davon erhalten, welche Defizite der Kindheit im Selbstverständnis der Kinder anhaften und welche Maßnahmen zu ergreifen wären, um sie zu beheben.

Leben in der Familie

Zunächst ist davon auszugehen, dass Kinder stabile Beziehungen und emotionale Sicherheit brauchen. Diese erfahren sie vor allem in der Familie. Dabei spielt die Form der Familie eine nachgeordnete Rolle. Das bedeutet, dass es weitgehend gleichgültig ist, ob Kinder in einer traditionellen Familie aufwachsen oder nur mit einem Elternteil. Im Gegensatz dazu sind von grundlegender Bedeutung für das Wohlbefinden des Kindes die Rahmenbedingungen des Familienlebens. Dazu gehören vor allem die Eltern-Kind-Beziehung und die wirtschaftlichen Verhältnisse, in denen ein Kind aufwächst. Aufgrund der hohen Zahl von Kindern unter sieben Jahren in der Bundesrepublik Deutschland, deren Familien auf Sozialhilfe angewiesen sind, stellen sich die wirtschaftlichen Bedingungen vieler Familien als äußerst ungünstig dar und schränken somit das Wohlbefinden der Kinder ein.

Neben dem wirtschaftlichen Aspekt, der als einschneidende Belastung gesehen werden muss, teilen einige Kinder mit, dass sie zu Hause manchmal oder oft traurig sind oder sich einsam fühlen. Diese Hinweise sagen etwas über die Qualität des familiären Zusammenlebens aus. Sie verweisen zum einen darauf, dass Eltern offenbar weniger Zeit mit ihren Kindern verbringen, als diese es wünschen oder brauchen. Besonders beklagen die Kinder in diesem Zusammenhang, dass sich ihre Väter zu wenig Zeit nehmen, um mit ihnen zu spielen oder etwas gemeinsam mit ihnen zu unternehmen. Daneben deuten Traurigkeit und Einsamkeit der Kinder darauf hin, dass sie mit ihren Lebensumständen insgesamt nur eingeschränkt zufrieden sind. Offenbar werden elementare emotionale Bedürfnisse nicht bei allen Kindern innerhalb der Familie befriedigt.

Im Hinblick auf die Eltern-Kind-Beziehung erleben die Kinder die Mutter weitgehend als einfühlsam und unterstützend. Das gilt nicht in gleicher Weise für den Vater. Hier verzeichnen die Kinder erhebliche Defizite. Das mag zum einen damit zusammenhängen, dass die Väter insgesamt weniger zu Hause anwesend sind als die Mütter. Zum anderen haben sie offensichtlich eher Schwierigkeiten, sich auf die Belange der Kinder einzustellen.

Gering ist der Grad der Selbstständigkeit, der den Kindern in der Familie zugestanden wird. Viele Kinder haben kein Mitspracherecht und keine Entscheidungsmöglichkeiten bei Angelegenheiten, die sie unmittelbar betreffen. Den größten Entscheidungsspielraum haben Kinder bei der Wahl ihrer Freunde und Freundinnen, und wenn es um die gemeinsame Freizeitgestaltung in der Familie geht. Der letztgenannte Gesichtspunkt ist aber weitgehend von der wirtschaftlichen Situation der Familie abhängig. Die Mitsprache der Kinder im Hinblick auf die Freizeitgestaltung ist um so größer, je mehr Geld den einzelnen Familien zur Verfügung steht. Umgekehrt haben Kinder, die in bescheidenen wirtschaftlichen Verhältnissen aufwachsen, so gut wie kein Mitspracherecht.

Was maßgeblich die Beziehung der Kinder in der Familie belastet und ihr Wohlbefinden einschränkt, ist die Tatsache, dass die Eltern mit ihren Kindern zu wenig reden. Das elementare Bedürfnis der Kinder nach Austausch mit ihren Eltern wird weitgehend nicht in hinreichendem Maße befriedigt. Das bedeutet beispielsweise, dass sich Kinder mit emotionalen Problemen oder angesichts sozialer Konflikte allein gelassen fühlen und nicht die Möglichkeit haben, sich mitzuteilen und ihre Probleme mit den Eltern zu besprechen.

Zusammenfassend können wir festhalten:

- Kinder fühlen sich zu Hause oftmals traurig oder einsam.
- Ihr Kommunikationsbedürfnis wird nur eingeschränkt befriedigt.
- Sie beklagen, dass sich ihre Väter zu wenig um sie kümmern.
- Möglichkeiten der Mitsprache innerhalb der Familie sind nur bedingt gegeben.
- Eine erhebliche Zahl von Kindern ist von Armut bedroht.

Wohnumgebung und Wohnung der Kinder

Kennzeichnend für die heutige Kindheit sei – so wird behauptet – die »Verinselung«. Das gilt in erster Linie für die noch nicht schulpflichtigen Kinder. Sie sind weitgehend auf die Hilfe von Erwachsenen angewiesen, um an bestimmte Orte zu gelangen. Grundlegende Unterschiede zwischen Kindern, die in der Großstadt, der Kleinstadt oder auf dem Land aufwachsen, gibt es dabei nicht. Nicht die Größe der Gemeinde bestimmt die Qualität der Wohnumgebung, sondern die Wohnform. Kinder haben weit mehr Bewegungsraum, wenn sie zum Beispiel in Einfamilienhäusern oder auf Bauernhöfen aufwachsen, als wenn sie in Miets- oder Hochhäusern leben.

Wie verhält es sich mit der Wohnsituation? Weitgehend fühlen sich die Kinder in der Wohnung, in der sie aufwachsen, wohl. Dabei ist jedoch zu sehen, dass das

Wohlbefinden nicht in erster Linie von den räumlichen Gegebenheiten der Wohnung abhängt, sondern vielmehr von der Wohnumgebung und dem Klima in der Familie bestimmt wird. Nachteilig empfinden einige Kinder, dass sie in ihrer Wohnung nicht ungestört sein können und keine Freundinnen oder Freunde einladen dürfen. Besonders benachteiligt im Hinblick auf die Wohnverhältnisse sind ausländische Kinder und diejenigen, die in Armut leben. Bei ihnen häufen sich die Negativfaktoren: schlechte Wohnumgebung, unterdurchschnittlicher Wohnstandard, emotionale Belastungen in der Familie und wenig soziale Kontakte zu anderen Kindern.

Sensibel reagieren Kinder auf Umweltprobleme, die sie in ihrer unmittelbaren Nachbarschaft wahrnehmen. Sie wünschen sich weniger Lärmbelästigung durch den Verkehr, saubere Luft und mehr Grünanlagen. Auch beanstanden sie ausdrücklich die Verunreinigung der Spielplätze mit Hundekot.

Zusammenfassend können wir festhalten:

- Das Wohlbefinden im Hinblick auf die Wohnumgebung hängt von der Wohnform und vom sozialen Klima in der Familie ab.
- Manche Kinder bedauern, dass sie keine Freunde oder Freundinnen nach Hause einladen können.
- Mehrfach benachteiligt erscheinen ausländische Kinder und Kinder, die in Armut leben.
- Aufmerksam nehmen Kinder Umweltprobleme wahr, die die Lebensqualität einschränken.

Freundschaften und Freizeitgestaltung

Je älter die Kinder werden, um so bedeutsamer sind für sie Freundschaften, denn sie helfen den jungen Menschen, sich nach und nach von ihren Eltern zu lösen. Zugleich sind Freundschaften ein wichtiges Übungsfeld, um sich in sozialen Beziehungen zu erproben und die eigene Persönlichkeit zu entwickeln. Angesichts der Tatsache, dass Kinder zahlenmäßig in unserer Gesellschaft eine untergeordnete Rolle spielen, stellt sich die Frage, ob es Kindern heute überhaupt möglich ist, Freunde und Freundinnen zu haben. Denn in den Nachbarschaften, in denen Kinder aufwachsen, gibt es heutzutage statistisch gesehen weniger Kinder als früher. Aus den Befragungsergebnissen geht jedoch hervor, dass es nur für wenige Kinder ein Problem ist, Freundschaften trotz ungünstiger örtlicher Gegebenheiten aufrecht zu erhalten. Schwieriger ist es für manche Kinder, überhaupt Freunde oder Freundinnen zu finden. Soziale Faktoren spielen dabei eine wichtige Rolle. Kinder, die in bescheidenen finanziellen Verhältnissen aufwachsen, haben weit mehr Probleme, Freunde oder Freundinnen zu finden als Kinder aus Familien, denen es wirtschaftlich gut geht. Freundschaftsbeziehungen entstehen in erster Linie in der Schule und in der Nachbarschaft. Um mit Freundinnen und Freunden zusammen zu kommen, bedarf es der Verabredung. Dabei ist das Telefon für viele Kinder unverzichtbar. Hierbei sind die Kinder benachteiligt, die kein Telefon zur Verfügung haben.

Im Hinblick auf das Freizeitverhalten steht bei Jungen das Radfahren an erster Stelle, gefolgt von Fernsehen, Musikhören, Sport, Computer und dem Lesen von Comic-Heften. Mädchen spielen in erster Linie mit anderen, fahren fast ebenso gern Rad wie die Jungen, lesen Bücher, gehen eher spazieren und üben kreative Tätigkeiten aus.

Das Freizeitverhalten der Kinder ist stark durch den Bildungsgrad der Eltern geprägt, die wirtschaftlichen Verhältnisse in der Familie und das Freizeitangebot in der jeweiligen Wohngegend, wo die Kinder zu Hause sind. Was die »verwaltete« oder »geplante« Freizeit anbelangt, so ist die Hälfte aller Kinder in einem oder zwei Vereinen engagiert, so dass es durchaus berechtigt erscheint, von einer »Pädagogisierung« der Kindheit zu sprechen. Über die Teilnahme am Vereinsleben entscheiden weitgehend die Mütter, wobei solche mit einem höheren Schulabschluss eher dazu neigen, ihre Kinder am Vereinsleben teilnehmen zu lassen. Durch die so gestaltete Freizeit werden die sozialen Kontakte der Kinder nicht geringer, sondern sie nehmen zu. Denn Kinder, die Mitglieder in Vereinen sind, haben in der Regel mehr Freundinnen und Freunde als andere Kinder.

Zusammenfassend können wir festhalten:

- Kinder haben in der Regel keine Probleme, Freundinnen oder Freunde zu finden. Dies gilt nicht in gleicher Weise für die, die in bescheidenen finanziellen Verhältnissen aufwachsen.
- Eine große Zahl von Kindern ist in Vereinen engagiert. Dadurch nehmen die sozialen Kontakte der Betroffenen zu. Ihr Freundeskreis erweitert sich.
- Das Engagement in Vereinen ist vor allem vom Bildungsgrad der Mutter abhängig. Frauen mit einem höheren Bildungsabschluss neigen eher dazu, ihre Kinder am Vereinsleben teilnehmen zu lassen.
- Obwohl Jungen und Mädchen ihre freie Zeit gern mit Radfahren verbringen, gibt es deutliche geschlechtsspezifische Unterschiede beim nicht organisierten Freizeitverhalten.

Umgang mit Fernsehen und Video

Die pädagogische Diskussion über das Fernsehen wird äußerst kontrovers geführt. Die einen behaupten, Fernsehen sei für Kinder grundsätzlich schädlich. Andere gehen davon aus, dass das Fernsehen zwar Kontakte mit der realen Wirklichkeit einschränkt; zugleich aber betonen sie, dass es Orientierungshilfen für unbewältigte Erlebnisse geben kann und vielfältige Lernmöglichkeiten eröffnet.

Ohne in diese Debatte einzugreifen, geht es im Folgenden darum, zu erheben, in welchem Ausmaß Kinder fernsehen und welche Motive dazu führen.

Von älteren Kindern ist bekannt, dass sie an Wochentagen zwei oder mehr Stunden fernsehen. An Wochenenden erhöht sich die Sehdauer. Ausgesprochene Vielseher (zwei Stunden und mehr täglich) finden sich besonders bei den Jungen. Von den Vielsehern sind die Spätseher zu unterscheiden. Diese sitzen noch nach 22 Uhr vor dem Bildschirm. Das späte Fernsehen ist bei vielen Kindern keine Ausnahme. Bevorzugte Sendungen der Spätseher sind Action- und Horrorfilme, Krimis und Western. Bei jüngeren Kindern ist davon auszugehen, dass die Verweildauer vor dem Fernseher noch größer ist, weil sie weit weniger Möglichkeiten haben, sich außerhalb der Wohnung mit anderen Kindern die Zeit zu vertreiben.

Die Eltern nehmen in der Regel keinen Einfluss auf die Dauer des Fernsehens und die Auswahl der Sendungen. Wenn die Eltern nach den Fernsehzeiten ihrer Kinder befragt werden, dann geben sie oftmals kürzere Zeiten an als die Kinder. Anzunehmen ist, dass die Eltern bei ihren Antworten eher die erwünschte Antwort im Auge haben als die korrekte Information über die tatsächlichen Fernsehgewohnheiten ihrer Kinder. Kinder aus unteren sozialen Schichten neigen eher zu höherem Fernsehkonsum als Kinder aus höheren sozialen Schichten. Erstaunlich ist, dass die Vielseher darunter leiden, dass sie durch das Fernsehen Angst bekommen.

Identifikationsfiguren der Kinder, die das Fernsehen vermittelt, sind vor allem Heldenfiguren, wobei der männliche Held dominiert. Für Jungen ist das Handeln des Helden besonders wichtig. Mädchen beeindrucken Eigenschaften und persönliche Merkmale. Warum Kinder fernsehen, wird von ihnen damit begründet, dass sie Langeweile haben, dass sie allein zu Hause sind, dass schlechtes Wetter dazu führt und dass niemand für sie Zeit hat, um mit ihnen etwas anderes zu unternehmen.

Ernst zu nehmen ist die Tatsache, dass das Wohlbefinden der Kinder, besonders wenn wir an die Spät- und Vielseher denken, durch die Angst, die ihnen das Fernsehen vermittelt, eingeschränkt wird. Zugleich ist das Fernsehen offenbar Ausdruck mangelnder Kommunikation in der Familie bzw. fehlender Präsenz der Eltern. Es genügt deshalb nicht, den Fernsehkonsum einzuschränken. Sinnvoll wäre vor allem, dass sich Eltern mehr Zeit nehmen, um mit ihren Kindern etwas gemeinsam zu unternehmen bzw. wenn sie den Kindern Anstöße geben, sich mit anderen Dingen zu beschäftigen als fernzusehen.

Zusammenfassend können wir festhalten:

- Kinder sehen in der Regel während der Woche mehr als zwei Stunden täglich fern. Davon zu unterscheiden sind die »Vielseher« und die »Spätseher«, deren Fernsehkonsum darüber liegt.
- Anzunehmen ist, dass der Fernsehkonsum der Kinder im Vorschulalter darüber liegt, weil sie weniger Freizeitmöglichkeiten haben und sich mehr als ältere Kinder in der Wohnung aufhalten.
- Jungen wie Mädchen identifizieren sich mit Helden, die ihnen im Fernsehen begegnen. Dabei sind Jungen von deren Handeln fasziniert, während Mädchen eher persönliche Merkmale beeindrucken.
- Bei Vielsehern und Spätsehern lösen die Sendungen, die sie sehen, oftmals Ängste aus.

Schule als Lebenswelt

Einen wesentlichen Platz in der kindlichen Lebenswelt nimmt die Schule ein. Die Zeit, die die Kinder in der Schule verbringen und mit Hausaufgaben beschäftigt sind, hat in den letzten Jahren zugenommen. Zur Schulzeit ist auch die zeitliche Inanspruchnahme der Kinder durch

Förderunterricht und private Nachhilfe sowie der Schulweg zu rechnen. Ehrgeizige Eltern wollen durch Fördermaßnahmen erreichen, dass ihre Kinder eine verbesserte Chance haben, nach der Grundschule ins Gymnasium überzuwechseln. Für solche Kinder trifft in hohem Maße das Stichwort der »Pädagogisierung« der Kindheit zu. Im Blick auf das Wohlbefinden der Kinder ist zu fragen, ob die persönliche Beanspruchung durch die Schule gerechtfertigt ist. Diese Frage lässt sich dann beantworten, wenn wir im Einzelnen untersuchen, wie es Kindern in der Schule ergeht.

Im Gegensatz zu älteren Schülerinnen und Schülern fühlen sich die Kinder in der Regel in der Schule wohl. Dies gilt in erster Linie in Bezug auf die Mitschülerinnen und Mitschüler, ihre Klasse und allgemein auf die Schule. Dennoch dürfen wir nicht übersehen, dass sich ein erheblicher Teil der Kinder durch die Schule überfordert sieht. Die Überforderung führt zur Schulangst, die sich weniger auf die Personen (Mitschülerinnen und Mitschüler bzw. Lehrerinnen und Lehrer) als auf schlechte Noten bezieht. Die Kinder haben konkrete Änderungswünsche. Sie wünschen sich neben mehr Spielräumen eine bessere Ausgestaltung der Schule und der Schulräume und eine Verminderung der Leistungsanforderungen. Zugleich sollte die Schule nach ihrer Vorstellung verstärkt auf die individuellen Wünsche und Bedürfnisse der Kinder eingehen.

Im Verhältnis der Geschlechter erleben die Jungen die Schule negativer als die Mädchen. Konflikte mit den Lehrerinnen und Lehrern und daraus resultierende Bestrafungen sind die häufigste Ursache negativer Erfahrungen. Das Wohlbefinden in der Schule ist demnach bei Jungen geringer als bei ihren Altersgenossinnen. Allerdings leiden diese mehr als die Jungen unter Prüfungsängsten. Das, was für die Jungen gilt, trifft in besonderer Weise auch für ausländische Kinder zu. Sie fühlen sich in der Schule durch eine schlechte Beziehung zu den Unterrichtenden und durch häufige Strafen weniger wohl als ihre deutschen Mitschülerinnen und Mitschüler.

Zusammenfassend können wir festhalten:

- Das Wohlbefinden ist bei einem Teil der Schülerinnen und Schüler durch ungerechtfertigte Leistungsanforderungen herabgesetzt.
- Kinder leiden nicht selten unter Schul- und Prüfungsängsten.
- Jungen geraten eher als Mädchen in Konflikte mit den Lehrpersonen, die zu Bestrafungen führen. Ebenso geraten ausländische Kinder leichter in solche Konflikte als inländische.

Forderung Jesu: das Kind in der Mitte

Wenn wir an dieser Stelle auf die Forderung Jesu zurückkommen, die Kinder als Kinder zu respektieren und sie als Partner Gottes zu sehen, dann zeigt sich, dass in der gegenwärtigen Gesellschaft keineswegs das Kind »in der Mitte« der Gesellschaft wahrgenommen wird. Zwar mag sich die Kindheit in vielerlei Hinsicht in den letzten Jahrzehnten zum Positiven gewandelt haben, dennoch darf dies nicht den Blick dafür verstellen, dass Kinder, die in der gegenwärtigen Gesellschaft aufwachsen, vielen Belastungen und Gefährdungen ausgesetzt sind. Christen sind daher aufgefordert, sich zu Anwälten der Kinder zu machen und sie als bevorzugte Geschöpfe Gottes wahrzunehmen und ihr Eigenrecht als Kind zu verteidigen. Worauf das Augenmerk im Einzelnen zu legen ist, darüber geben die vorangegangenen Ausführungen Auskunft, die wir anschließend in Stichworten hervorheben wollen:

- Jegliche Anstrengung ist zu unternehmen, um möglichst alle Kinder mit den finanziellen Mitteln auszustatten, die notwendig sind, um ihnen eine faire Chance zu geben, ihre sozialen, seelischen und geistigen Fähigkeiten zu entwickeln und zu entfalten.

- Überforderungen von Kindern in geistiger, seelischer und körperlicher Hinsicht ist vehement entgegenzutreten. Dabei gilt es wachsam wahrzunehmen, in welcher Weise im gesellschaftlichen Zusammenhang Eltern dazu verführt werden, ihre Kinder zu Höchstleistungen anzuspornen und sie dadurch als Mittel zum Zweck ehrgeiziger Ansprüche zu missbrauchen.
- Die Eltern sollten darüber wachen, in welchem Umfang Kinder fernsehen und welche Sendungen sie ansehen. Dabei kommt es einerseits darauf an, sich von der Kritik Postmans leiten zu lassen, der auf die Gefahr des Verschwindens der Kindheit durch das Fernsehen aufmerksam macht. Zum anderen gilt es, die Kinder vor emotionalen Belastungen zu schützen, die sich durch den unkontrollierten Fernsehkonsum ergeben.
- Mit Entschiedenheit ist dafür einzutreten, dass Kinder in unserer Gesellschaft Schonräume in Form von Spielplätzen, freiem Gelände oder Kleintierfarmen erhalten, in denen sie sich gefahrlos aufhalten und bewegen können. Der Straßenverkehr ist so zu steuern, dass er nicht zu einer ständigen Lebensbedrohung für Kinder wird.
- Innerfamiliär ist darauf zu achten, dass die Eltern mit ihren Kindern reden, mit ihnen spielen und gemeinsame Unternehmungen planen und durchführen. Dabei sind besonders die Väter herausgefordert, sich mit ihren Kindern zu beschäftigen. Außerdem erscheint es wichtig, dass Kindern innerhalb der Familie im Hinblick auf die Belange, die sie unmittelbar betreffen, ein Mitspracherecht eingeräumt wird. Auch wird es nötig sein, den Kindern Impulse zu geben, ihre Freizeit zu gestalten, um vom Zugriff des Fernsehens loszukommen.
- In Bezug auf die Schule ist zu überprüfen, ob die Anforderungen, die an die Kinder herangetragen werden, gerechtfertigt sind oder nicht. Auf keinen Fall darf es

sein, dass die Kindheit zugunsten des Anspruchs leistungsfähiger Erwachsener auf Spiel gesetzt wird. Kinder haben einen Anspruch auf die Lebensphase, in der sie sich befinden. Sie darf nicht durch die ausschließliche Orientierung auf die Zukunft preisgegeben werden.

Fragen zum Nachdenken und Diskutieren

- Können Sie aus eigener Erfahrung Beispiele nennen, die die Aussage bestätigen, dass die Kindheit in der heutigen Gesellschaft im Verschwinden ist?
- Welche gesellschaftlichen Phänomene deuten darauf hin, dass Eltern verführt werden könnten, aus ihren Kindern »Super Kids« zu machen?
- Wie stellen sich die Probleme der Verhäuslichung, Verinselung, Pädagogisierung und Marginalisierung der Kindheit in Ihrem Nahbereich dar?
- Wie ist die wirtschaftliche Situation der Kinder einzuschätzen, die Sie aus Ihrem Nahbereich kennen?
- Wie lässt sich aus Ihrer Sicht die Qualität des Familienlebens so verbessern, dass Kinder nicht über Einsamkeit oder Trauer klagen müssen?
- Welche Möglichkeiten sehen Sie, der Klage der Kinder entgegenzuwirken, dass in den Familien zu wenig geredet wird?
- Welche Gründe führen Ihrer Meinung nach dazu, dass Väter mit Kindern weniger unternehmen als Mütter?
- In welchen Bereichen des alltäglichen Lebens sehen Sie Möglichkeiten, die Selbst- bzw. Mitbestimmung der Kinder zu fördern?
- Wie schätzen Sie das Fernsehverhalten Ihrer Kinder ein? Welche Freizeitaktivitäten ziehen Ihre Kinder gegenüber dem Fernsehen vor?

- Wie schätzen Sie das Klima an der Schule ein, die Ihre Kinder besuchen? Teilen Sie den Eindruck, dass manche Leistungsanforderungen ungerechtfertigt sind und bei den Kindern Ängste auslösen?
- Welche Möglichkeiten sehen Sie als Christin oder als Christ, sich zu Anwälten von Kindern zu machen?

4. Die kindliche Persönlichkeit im Vorschulalter

Im vorangegangenen Kapitel sind wir auf die Situation von Kindern in der gegenwärtigen Gesellschaft eingegangen. Bevor wir uns mit Fragen der religiösen Erziehung im Vorschulalter beschäftigen, werden wir uns den entwicklungspsychologischen Besonderheiten der Drei- bis Siebenjährigen zuwenden. Dies geschieht vor allem aus dem Grund, dass religiöse Erziehung nur dann sinnvoll erscheint, wenn wir sichere Kenntnisse davon haben, wie Kinder dieser Altersstufe ihre Welt verstehen und sich in ihr zurechtfinden.

In zwei Schritten wollen wir uns dem entwicklungspsychologischen Verständnis nähern. Zunächst werden wir auf die geistigen Voraussetzungen dieser Altersstufe eingehen. Im Anschluss daran werden wir uns auf die Persönlichkeitsentwicklung der Drei- bis Siebenjährigen konzentrieren. Im Zusammenhang mit der Darstellung der entwicklungspsychologischen Aspekte werden wir danach fragen, welche Bedeutung sie für die religiöse Erziehung haben.

Die geistige Entwicklung von Kindern im Vorschulalter

Der Schweizer Psychologe Jean Piaget (gest. 1980) hat über einen Zeitraum von sechs Jahrzehnten Kinder beobachtet, sich mit ihnen unterhalten und mit ihnen Experimente durchgeführt. Dabei ist er zu grundlegenden Erkenntnissen über die geistige Entwicklung von Kindern gelangt, die bis heute die entwicklungspsychologische Forschung nachhaltig beeinflussen. Die folgende Darstellung ist an seinen Forschungsergebnissen orientiert.

Grundzüge der geistigen Entwicklung

Die Frage, die Jean Piaget (sprich: »Piaschee«) bei seinen Untersuchungen beschäftigte, war, wie der Mensch zu Erkenntnis gelangt. Diese Frage wurde im Laufe der Geschichte immer wieder von Philosophen gestellt und unterschiedlich beantwortet. Piaget war jedoch nicht an philosophischen, sondern an psychologischen Erklärungen interessiert. Für ihn war es wichtig herauszufinden, wie sich die Erkenntnis des Menschen vom Säuglingsalter an entwickelt. Dabei ging es ihm beispielsweise darum zu erklären, warum ein zehnjähriges Kind problemlos addieren, subtrahieren, multiplizieren und dividieren kann, während ein dreijähriges Kind in der Regel nicht einmal bis zehn zu zählen vermag.

Nach Piaget ist die geistige Entwicklung des Kindes an biologische Voraussetzungen gebunden. Dazu gehören vor allem das Nervensystem und die Sinnesorgane. Weil weder das Nervensystem noch die Sinnesorgane im frühen Kindesalter voll entwickelt sind, sind den geistigen Fähigkeiten des Kindes auf den unteren Altersstufen Grenzen gesetzt. Durch die Reifung und Entwicklung der biologischen Voraussetzungen kann sie das Kind im Laufe der Zeit jedoch immer besser benutzen und bei der geistigen Durchdringung seiner Umwelt wirksamer einsetzen. Die geistige Entwicklung ist dabei als ein sich ausweitender Vorgang zu verstehen, bei dem das Kind aufgrund dessen, was es bereits gelernt hat, zu neuen Einsichten und Erkenntnissen gelangt.

Der treibende Motor der geistigen Entwicklung ist die Anpassung des Kindes an seine Umwelt. Sie geschieht auf doppelte Weise. Zum einen passt das Kind Informationen aus seiner Umwelt an bereits erworbene Verstehensmuster an. Zum anderen passt es seine Verstehensvoraussetzungen durch Veränderung oder Differenzierung an die Umwelt an. Für diesen wechselseitigen Vorgang benutzt Piaget die Begriffe »Assimilation« und »Akkomodation«. Ein Beispiel soll das verdeutlichen: Ein vierjähriger Pfarrerssohn fragt seinen Vater, der im Begriff ist, zum Gottesdienst zu gehen: »Ziehst du heute wieder deine schwarze Schürze an?« Das Kind meint damit natürlich den Talar des Vaters. Warum es diesen Ausdruck wählt, hängt offenbar damit zusammen, dass es eine klare Vorstellung von einer Schürze hat. Der Junge weiß, dass man sie umhängt oder überwirft und zu bestimmten Anlässen trägt. Er *assimiliert* den Talar an die Vorstellung eines bekannten Kleidungsstückes. Die Reaktion des Vaters, der vielleicht lacht oder das Kind belehrt, dass jenes Kleidungsstück keine »schwarze Schürze«, sondern ein Talar ist, wird bei dem Kind nach und nach zu der Erkenntnis führen, dass der Gebrauch des Ausdrucks »schwarze Schürze« im Zusammenhang mit dem gottesdienstlichen Gewand unpassend ist. Damit setzt der Vorgang der *Akkomodation* ein. Durch Beobachtungen im Gottesdienst merkt das Kind, dass der Talar im Unterschied zu den anderen Gottesdienstbesuchern in der Regel nur von Pfarrerinnen und Pfarrern getragen wird. Ihr Verhalten ändert sich, wenn sie ihn angezogen haben. Sie bewegen sich würdevoll und sprechen feierlich. Bestimmte Handlungen, die sonst im Alltag nicht zu beobachten sind, wie zum Beispiel Predigen oder das Austeilen des Abendmahls, nehmen sie im Talar vor. Durch Erfahrungen, die das Kind mit dem gottesdienstlichen Gewand macht, baut sich bei ihm nach und nach die Vorstellung dessen auf, welche Bedeutung einem Talar im Unterschied zu einer Schürze zukommt. Das heißt, dass das Kind durch Beobachtung und Erfahrung zu dem entsprechenden Verstehensmuster gelangt, das mit dem Wort »Talar« zusammengefasst wird. Erst damit ist der Vorgang der Akkomodation abgeschlossen.

An diesem Beispiel können wir zweierlei ablesen, was für das Verständnis der geistigen Entwicklung von Kindern grundlegend ist: Zum einen hat das Kind die Tendenz, alles, was es in seiner Umwelt mit seinen Sinnen wahrnimmt und entdeckt, an bereits vorhandene Verstehensmuster anzupassen bzw. zu assimilieren. Volkstümlich sprechen wir in diesem Zusammenhang gern vom »Kindermund«, den Erwachsene in der Regel belustigend finden. Das Magazin »Eltern« hat dafür in jedem Heft eine ganze Seite reserviert. Zum anderen wird deutlich, dass die Differenzierung und der Aufbau von neuen Verstehensmustern ein vielschichtiger Vorgang ist, zu dem das Kind neben der biologischen Reifung vor allem Erfahrungen braucht. Wenn wir hier von Erfahrung sprechen, dann meinen wir vor allem den unmittelbaren Umgang und die Beschäftigung mit Dingen. Denn nur dadurch kann das Kind zu eigenständigen Entdeckungen gelangen, die es zu Akkomodationen befähigen.

Zusammenfassend können wir festhalten:

- Das Kind baut durch das Hantieren mit Dingen und deren Beobachtung grundlegende Verstehensmuster auf.
- An die Verstehensmuster passt es neue Informationen an, die es durch den Umgang mit Dingen und Personen erhält.
- Aufgrund mangelnder Erfahrung und unzureichender bzw. fehlender Verstehensmuster ergeben sich viele Fehlinterpretationen, die im Laufe der Entwicklung durch neue Erfahrungen korrigiert werden.
- Durch den Aufbau angemessener Verstehensmuster ist das Kind in der Lage, seine Welt zunehmend zusammenhängender und umfassender zu verstehen.
- Dieser Vorgang gelangt zu einem vorläufigen Abschluss, wenn das Kind etwa in der Mitte des zweiten Lebensjahrzehnts abstrakt zu denken vermag.

Im Hinblick auf die religiöse Erziehung – wie für die Erziehung überhaupt – gilt es zu bedenken, dass das Kind nur das verstehen oder begreifen kann, wofür es die entsprechenden Verstehensmuster entwickelt hat. Bestimmte Formen religiöser Praxis, die dem Kind begegnen oder an denen es teilnimmt, biblische Geschichten, die es hört, und entsprechende Bilder, die es sieht, wird es seinen Verstehensvoraussetzungen anpassen. Zwangsläufig ergibt sich daraus, dass das Kind gegenüber dem Erwachsenen vieles anders verstehen und deuten wird. Falsch wäre es, die kindlichen Deutungen zurückzuweisen und korrigieren zu wollen, weil das Kind ohnehin nur das verstehen kann, wozu es in der Lage ist. Erklärungen der Erwachsenen werden dem Kind nur bedingt helfen, Zugang zu neuen Einsichten zu gewinnen.

Der Prozess der geistigen Entwicklung, den Piaget mit den Begriffen der Assimilation und der Akkomodation beschrieben hat, gilt nicht nur für das Vorschulalter, sondern allgemein für den Aufbau von Verstehensmustern auf jeder Altersstufe. Der Unterschied zwischen dem Vorschulalter und dem Schulalter etwa besteht nicht in der Art und Weise, wie die Verstehensmuster zustande kommen, sondern in ihrer Zahl und Qualität. Ein Vorschulkind besitzt aufgrund seines Alters und des Ausmaßes an Erfahrungen weit weniger Verstehensmuster als ein Schulkind. Zugleich ist die Entwicklung der Verstehensvoraussetzungen bei drei- bis siebenjährigen Kindern weitgehend an den unmittelbaren Umgang mit Dingen gebunden, weil sie noch nicht in der Lage sind, sich bestimmte Handlungen und deren Konsequenzen vorzustellen. Weil dies so ist, braucht das Vorschulkind viele Möglichkeiten, mit Dingen zu hantieren, um Zusammenhänge herzustellen und zu Erkenntnissen zu gelangen.

Das ist bei der religiösen Erziehung im Vorschulalter zu berücksichtigen. So genügt es zum Beispiel nicht, biblische Geschichten nur zu erzählen. Für das Kind ist es wichtig, dass es diese Geschichten mit den Personen und Gegenständen, die in ihnen vorkommen, auf vielfältige Weise nachgestalten kann. Dadurch kann es in die Geschichten eindringen und zu einem ihm angemessenen Verständnis gelangen.

Das Weltbild des Kindes

Wir deuteten oben an, dass die geistige Entwicklung im Vorschulalter vergleichbar ist mit der älterer Kinder und sogar Erwachsener. Der größte Unterschied jedoch, der sich psychologisch bei den Drei- bis Siebenjährigen gegenüber allen anderen Altersstufen zeigt, besteht im Weltbild des Kindes. In dieser Hinsicht ergeben sich für die Erwachsenen oftmals die größten Verstehensbarrieren, weil ihnen der unmittelbare Zugang zum kindlichen Weltbild aufgrund ihrer eigenen Verstehensvoraussetzungen verschlossen ist.

Das Vorschulkind erlebt im Gegensatz zum Erwachsenen sich selbst als Zentrum des Universums. Es fühlt sich mit der äußeren Welt verflochten und unterscheidet sie nicht von seinem Selbst. Mit anderen Worten: Für das Kind besteht noch keine Trennung zwischen eigenem seelischen Erleben, das sich in Gefühlen, Vorstellungen, Gedanken und Phantasien ausdrückt, und der äußeren Welt. Das führt zu der Annahme, auf die äußeren Dinge Einfluss nehmen und sie beherrschen zu können. Daneben lässt sich das Kind von der Vorstellung leiten, dass alles auf der Welt belebt ist und einem bestimmten Zweck dient. Schließlich ist es für sein Verständnis der Welt bezeichnend, dass alles, was existiert, vom Menschen oder von Gott gemacht worden ist, den die Kinder selbst als einen, wenngleich übermächtigen, Menschen ansehen.

Vorschulkinder gehen selbstverständlich davon aus, dass alle anderen, einschließlich der Erwachsenen, ihre Sicht von der Welt teilen. Dass es andere Sichtweisen und Standpunkte geben mag, die zu unterschiedlichen Deutungen der Welt oder einzelner Phänomene führen können, ist für das Kind weder vorstellbar noch nachvollziehbar.

Diese kindliche Art, die Welt zu sehen und zu erleben, nennt Piaget »*egozentrisch*«. Um möglichen Missverständnissen vorzubeugen, sei darauf hingewiesen, dass dieser Begriff keine – womöglich negative – Charaktereigenschaft bezeichnet, sondern die besondere Perspektive des Kindes, die Welt zu verstehen. Das Kind lebt gleichsam in einer von ihm bestimmten und beherrschten Wirklichkeit, in der es keine Widersprüche oder Ungereimtheiten gibt. Realität und Phantasie, äußere Welt und seelisches Erleben verschmelzen zu einer Einheit, in deren Mittelpunkt sich das Kind befindet. Diese Welt hat einen Zweck, und zwar nicht zuletzt den, dem Kind zu dienen.

Dieses egozentrische Verhältnis des Kindes zur Welt lässt sich in einer Reihe von Beobachtungen nachzeichnen, von denen wir einige näher ins Auge fassen wollen: das Denken des Kindes, den Spracherwerb und sein Moralverständnis.

Das Denken des Kindes: Es ist im Vorschulalter gänzlich abhängig von dem, was es sieht und wahrnimmt. Um Probleme zu lösen, lässt es sich von spontanen Eindrücken oder Gedanken leiten, die es weder logisch noch systematisch miteinander verbindet. Ein Gespräch, das Piaget mit seiner Tochter führte, illustriert das Gesagte: Als sie krank war, wollte sie Orangen haben. Piaget erklärte ihr, dass die Orangen noch grün und demzufolge noch unreif seien. Später, als die Tochter Kamillentee trank, sagte sie zu ihrem Vater: »Die Kamille ist nicht mehr grün, sie ist schon gelb. Gib mir Orangen.« Willkürlich schließt das Mädchen aufgrund der Beobachtung, dass der Kamillentee gelb ist, darauf, dass dies auch für die Orangen zu gelten habe, nach denen sie verlangt.

An diesem Beispiel wird deutlich, dass sich Kinder im Vorschulalter bei der Wahrnehmung von Dingen in der Regel auf Einzelheiten konzentrieren oder auf Teile von einem Ganzen und diese assoziativ miteinander verbinden, ohne das Ganze selbst ins Auge zu fassen. Entsprechend gelangen sie zu Schlussfolgerungen, die aus ihrer Sicht richtig erscheinen, aber den Gesetzen der Logik widersprechen.

Eine weitere Besonderheit des egozentrischen Denkens von Vorschulkindern zeigt sich darin, dass sie von ihrem Standpunkt aus denken und dabei nicht in der Lage sind, die Sichtweise anderer zu berücksichtigen oder deren Perspektive einzunehmen. Piaget hat dieses Phänomen unter dem Stichwort der »Zentrierung des Denkens« zusammengefasst. Was damit gemeint ist, lässt sich an einem einfachen Experiment nachvollziehen, das von Piaget stammt.

Ein Mädchen im Vorschulalter, das einen älteren Bruder hat, wird mit der Frage konfrontiert: »Hast du einen Bruder?« Das Mädchen bejaht diese Frage. Danach wird es gefragt: »Hat dein Bruder eine Schwester?« Das Mädchen verneint dies ausdrücklich. Wie ist diese Aussage des Mädchens zu verstehen? Wie kann das Mädchen einen Bruder haben, der Bruder aber keine Schwester? Was aus der Sicht der Erwachsenen unsinnig erscheint, ist es für das Mädchen keineswegs, weil sein Denken nicht von logischen Prinzipien bestimmt wird, sondern von dem Standpunkt, den es einnimmt. Anders ausgedrückt: Es ist (noch) nicht in der Lage, von der Perspektive seines Bruders her zu denken und den entsprechenden Umkehrschluss vorzunehmen.

Die Zentrierung des Denkens und der damit verbundene Egozentrismus lässt sich auch in anderen Zusammenhängen nachweisen, bei denen deutlich wird, dass sich Kinder im Vorschulalter bei der Beurteilung von bestimmten Phänomenen in der Regel nur von dem Gesichtspunkt leiten lassen, der ihnen am deutlichsten ins Auge springt. Bekannt geworden sind vor allem die Umschüttversuche, die Piaget mit Kindern durchführte. Er schüttete vor den Augen der Kinder aus einer flachen

Glasschale Wasser in ein hohes schmales Gefäß um. Im Anschluss daran fragte er die Kinder, in welchem Gefäß mehr Wasser war bzw. ist. Die Antwort, die die Kinder gaben, war eindeutig . Bei ihrem Urteil über die Wassermenge ließen sie sich von der Höhe des Gefäßes leiten. Deshalb war für sie in dem schmalen hohen Glas mehr Wasser als in der flachen Schale. Selbst nach mehreren Versuchen beharrten die Kinder auf ihrem Urteil.

Zusammenfassend können wir festhalten:

- Beim Denken lassen sich Kinder von ihrem Standpunkt und ihrer egozentrischen Sichtweise leiten.
- Sie konzentrieren sich in der Regel auf einen Aspekt, der besonders hervorstechend ist.
- Dadurch gelangen sie zwangsläufig zu logisch falschen Ergebnissen.
- Das Denken der Kinder ist nicht durch Logik bestimmt, sondern erfolgt assoziativ.

Wenn wir das Gesagte auf die religiöse Erziehung im Vorschulalter beziehen, dann lassen sich folgende Gesichtspunkte hervorheben: Im Zusammenhang mit biblischen Geschichten, die Kinder im Vorschulalter hören, ist nicht davon auszugehen, dass sie deren Gehalt aus der Sicht der Erwachsenen verstehen. Die Kinder lassen sich, wie es für ihr Denken typisch ist, von einzelnen Gesichtspunkten des Gehörten leiten und verbinden sie assoziativ. Willkürlich können sie einzelne Aspekte von Geschichten auf ihr eigenes Leben beziehen und phantasiegeleitete Zusammenhänge herstellen. Keine Probleme haben Kinder dieser Altersstufe mit magischen oder mythischen Vorstellungen, die ihnen in biblischen Geschichten begegnen, weil diese Inhalte ihrem eigenen Denken entsprechen. Deutlich wird dies u. a. im Hinblick auf die Schöpfungsberichte. Weil Vorschulkinder davon ausgehen, dass alles auf der Welt von Menschen oder von Gott gemacht ist, ist es für sie selbstverständlich, dass Gott die Erde und alles, was auf ihr zu finden ist, geschaffen hat.

Der Spracherwerb des Kindes: In der Regel lernen Kinder im Alter von zwei bis vier Jahren sprechen. In der Anfangszeit des Spracherwerbes ist das Sprachverhalten der Kinder uneingeschränkt egozentrisch. Das Kind teilt das mit, was es momentan denkt. Dabei lässt es sich nicht davon leiten, ob das, was es sagt, sinnvoll ist und von anderen außer ihm selbst verstanden werden kann. Wenn das Kind spricht, ist es ihm nicht bewusst, ob ihm jemand zuhört oder nicht. Das bloße Sprechen scheint dem Kind Spaß zu machen, ohne dass es damit die Absicht verbindet, jemandem etwas Bestimmtes mitzuteilen.

Die grundlegende Form des egozentrischen Sprechens ist die Wiederholung von Lauten, Worten und Sätzen. Diese Art des Sprechens ist keineswegs auf das frühe Kindesalter beschränkt, sondern findet sich auch noch im Vorschulalter. So kommt es immer wieder vor, dass Kinder genau das aussprechen, was ein anderes Kind gerade gesagt hat. Dabei haben Kinder nicht den Eindruck, dass sie eine Aussage wiederholen, sondern sie gehen davon aus, dass das Gesagte von ihnen selbst stammt. Zum Beispiel wendet sich ein Mädchen einem anderen zu und fordert es auf: »Komm, wir spielen mit unseren Puppen!« Die Angesprochene antwortet unmittelbar: »Komm, wir spielen mit unseren Puppen!« Dabei geht das zweite Mädchen davon aus, dass dieser Vorschlag von ihm stammt und nicht von seiner Freundin. Oftmals kann es auch vorkommen, dass die Wiederholungen zeitversetzt erst nach einigen Stunden, Tagen oder gar Wochen vorgenommen werden. Dabei kann die peinliche Situation entstehen, dass Kinder Fremden gegenüber genau das wiederholen, was die Eltern vor geraumer Zeit über bestimmte Personen gesagt haben.

Ein weiteres Merkmal egozentrischen Sprachverhaltens ist es, dass Kinder im Vorschulalter über verschiedene

Themen lange Selbstgespräche halten können. Sie können über ihr Spielzeug, Personen aus ihrer Umgebung oder über Geburtstagsgeschenke endlos monologisieren. Dabei spielt es keine Rolle, ob das Kind allein ist oder mit anderen zusammen. Es spricht zu sich selbst, über sich selbst und für sich selbst. Nicht selten kommt es zu parallelen Monologen, wenn Vorschulkinder miteinander spielen. Jedes Kind scheint von seinen eigenen Phantasien so gefesselt, dass es zu keinem gegenseitigen sprachlichen Austausch kommt. Wenn Kinder andere Kinder etwas fragen, dann kann in der Regel davon ausgegangen werden, dass sich die Antworten der Angesprochenen nicht darauf beziehen. Dieses egozentrische Sprachverhalten ist oft bis in das Schulalter hinein zu beobachten. Ein großer Lernfortschritt ist es, wenn das Kind beginnt, auf andere zu hören und auf das Gesagte zu reagieren.

Zusammenfassend können wir festhalten:

- Kennzeichnend für das egozentrische Sprachverhalten ist es, dass das Kind das neue Werkzeug der Sprache so gebraucht, dass es für es unwichtig ist, ob ihm jemand zuhört oder nicht.
- Oftmals wiederholen Kinder das, was andere gesagt haben und gehen davon aus, dass die entsprechende Äußerung ursprünglich von ihnen stammt.
- Kinder führen oft lange Selbstgespräche über Dinge, die ihnen wichtig erscheinen und in ihrem Leben eine zentrale Rolle spielen.
- Kinder sind noch nicht in der Lage, inhaltlich auf das einzugehen, was andere sagen.

Was folgt aus dem Gesagten für die religiöse Erziehung? Möglich ist es, dass ein Kind von Personen aus einer biblischen Geschichte so fasziniert ist, dass es lange Monologe über sie hält. Dabei wird es diese Personen in seiner Phantasie Dinge erleben lassen, die weit über die

Geschichte hinausgehen und nichts mit ihr zu tun haben. Neben diesem Aspekt verdeutlicht das geschilderte Sprachverhalten der Kinder, dass es kaum möglich sein wird, mit ihnen konzentriert über einen Gegenstand zu sprechen, weil davon ausgegangen werden muss, dass sie viele Gedanken äußern, die logisch miteinander nichts zu tun haben. So ist auch nicht zu erwarten, dass man mit Vorschulkindern über religiöse Inhalte sprechen kann, ohne dabei – salopp gesprochen – vom Hundertsten zum Tausendsten zu kommen.

Das kindliche Moralverständnis: Der Egozentrismus des Vorschulkindes zeigt sich auch in moralischer Hinsicht. Die noch bestehende Unfähigkeit, vom anderen her zu denken und dessen Standpunkt einzunehmen, führt dazu, dass sich das Kind hauptsächlich von äußeren Gegebenheiten leiten lässt, um zu bestimmen, was gut und böse ist. Körperliche Größe sowie Symbole von Autorität sind es vor allem, die von den Kindern herangezogen werden, um zu bestimmen, auf wen gehört und wem gehorcht werden soll.

Wie beurteilt das Kind »gut« und »böse«? Für das Kind ist grundsätzlich jedes Verhalten gut, das Erwachsene von ihm verlangen. Umgekehrt beurteilt das Kind Handlungen als böse, durch die von Erwachsenen aufgestellte Regeln verletzt werden. Dabei ist es für das Verständnis des moralischen Urteils von Vorschulkindern grundlegend, dass sie sich nicht am Geist, sondern am Buchstaben der aufgestellten Regeln orientieren. Aufgrund dieser Tatsache ist es ihnen nicht möglich, Absichten oder Motive bei der moralischen Beurteilung von Handlungen zu berücksichtigen. Sie orientieren sich ausschließlich an den Konsequenzen. Ein Kind, das beispielsweise drei Gläser bei dem Versuch zerbricht, den Eltern beim Abräumen des Tisches zu helfen, verdient aus der Sicht des Vorschulkindes mehr Strafe als ein Kind, das bei dem Versuch, einen verbotenen Keks zu stehlen, nur ein Glas zerschlägt.

Ein fortgesetztes Problem der moralischen Erziehung im Vorschulalter ist das Lügen. Zweierlei Gründe gibt es, die Kinder dazu bewegen, die Unwahrheit zu sagen. Zum einen ist es denkbar, dass sie sich mit bestimmten unwahren Aussagen angesichts der Überlegenheit älterer Kinder oder Erwachsener hervortun möchten. Zum anderen führt oftmals die Unfähigkeit des Kindes, zwischen Phantasie und Wirklichkeit zu unterscheiden, zu Aussagen, die Erwachsenen als Lügen erscheinen. Kindern das Lügen abzugewöhnen, ist mit der grundsätzlichen Schwierigkeit verbunden, dass sie in der Regel bis an das Ende des Vorschulalters keine genaue Vorstellung davon haben, was Lügen bedeutet. Oftmals ist Lügen für sie gleichbedeutend mit »böse Sachen Sagen«. Erst ab dem Schulalter kann bei Kindern davon ausgegangen werden, dass sie zwischen Phantasie und Wirklichkeit sowie zwischen Wahrheit und Lüge unterscheiden können.

Zusammenfassend können wir festhalten:

- Grundlegend für die moralische Orientierung ist die Autorität der Erwachsenen. Was ihren Regeln und Anordnungen entspricht, ist gut. Verstöße dagegen sind böse.
- Kinder im Vorschulalter beurteilen Handlungen nicht aufgrund der Motive, die zu ihnen führen, sondern aufgrund der Konsequenzen, die sich aus ihnen ergeben.
- Eine klare Vorstellung von dem, was Lügen bedeutet, haben Kinder in der Regel im Vorschulalter nicht.
- Schwierigkeiten bereitet daher die Erziehung zur Wahrhaftigkeit, weil Kinder zwischen Wahrheit und Lüge sowie zwischen Phantasie und Wirklichkeit kaum unterscheiden können.

Im Hinblick auf die religiöse Erziehung gilt es festzuhalten, dass sich das Vorschulkind bei seinem Verständnis von biblischen Geschichten von den moralischen Gesichtspunkten leiten lässt, die wir eben skizziert haben. Am Beispiel des Gleichnisses vom verlorenen Sohn lässt sich dies beispielhaft illustrieren. Für das Vorschulkind handelt der jüngere Sohn böse, weil er den Vater verlässt. Der ältere Sohn erscheint als gut, weil er beim Vater bleibt. Das Handeln des Vaters wird ebenfalls als gut angesehen, jedoch nicht aus dem Grund, weil der Vater dem jüngeren Sohn vergibt und ihn wieder in sein Haus aufnimmt, sondern weil alles, was der Vater aufgrund seiner Autorität unternimmt, richtig und gut ist. Ebenso hätte der Vater den jüngeren Sohn strafen können, ohne dass sich das Urteil der Kinder über den Vater geändert hätte.

Die Persönlichkeitsentwicklung der Drei- bis Siebenjährigen

Bei der Darstellung der Persönlichkeitsentwicklung der Drei- bis Siebenjährigen greifen wir auf die Forschungsarbeiten von Erik Erikson zurück (gest. 1994). Sein beruflicher Werdegang war keineswegs eindeutig vorgezeichnet. Er studierte zunächst Malerei, bevor er sich der Psychoanalyse zuwandte und Therapeut wurde. Nach der Machtergreifung Hitlers verließ der aus Frankfurt a. M. Stammende 1933 Deutschland und wanderte in die USA aus. Hier beschäftigte er sich jahrzehntelang mit Fragen der Entwicklung der menschlichen Persönlichkeit.

Erik Eriksons Entwicklungsmodell

Bevor wir auf die Persönlichkeitsentwicklung im Vorschulalter näher eingehen, wollen wir kurz das Entwicklungsmodell skizzieren, von dem Erikson ausging. Um es besser zu verstehen, ist ein Vergleich mit dem Ansatz von Piaget hilfreich. Piaget ließ sich von dem Gedanken leiten, dass die geistige Entwicklung im Aufbau und Ausbau von geistigen Strukturen besteht, die den Menschen befähigen, die Welt, in der er lebt, im Laufe des Lebensalters immer angemessener verstehen zu können. Grundlage dafür ist das Zusammenspiel von biologischer Reifung und unmittelbaren Erfahrungen, die der Mensch mit seiner Umwelt macht.

Für Erikson sind ähnliche Vorstellungen bestimmend. Im Unterschied zu Piaget nimmt er jedoch an, dass die Entwicklung des Menschen nach einem bestimmten biologischen Grundplan geschieht, der im Embryo angelegt ist. Nach diesem Grundplan entwickeln sich zu bestimmten Zeiten einzelne Teile, die schließlich ein funktionierendes Ganzes bilden. Dies wird deutlich, wenn wir uns der Entwicklung im Mutterleib zuwenden. Durch chemische Austauschprozesse bilden sich nach und nach die einzelnen Organe heraus. Nach der Geburt ist es vor allem das Wechselspiel zwischen dem Neugeborenen und seiner sozialen Umgebung, durch das die weitere Entwicklung nach dem oben erwähnten Grundplan erfolgt. Dabei sind innere Konflikte unausbleiblich, auf die die Psychoanalyse hingewiesen hat. Sie treten im Zusammenhang mit dem Aufkommen bestimmter Fähigkeiten auf, die das Kind erwirbt. Die Lösung der Konflikte führt durch die Anleitung der Erwachsenen zum Aufbau der Persönlichkeit. Dabei gilt es zu bedenken, dass die jeweilige Kultur, in die das Kind hineingeboren wird, einen maßgeblichen Einfluss auf die Persönlichkeitsentwicklung nimmt. Denn sie prägt nicht zuletzt das erzieherische Verhalten der Eltern. So kann es im Hinblick auf die Entwicklung der Persönlichkeit von Kultur zu Kultur große Unterschiede geben. Zugleich ist es denkbar, dass sich aufgrund unterschiedlicher Wertorientierungen innerhalb eines Kulturbereiches erhebliche Abweichungen finden.

Die Grundkonflikte, die nach Erikson von der Geburt bis zum Eintritt in die Schule für die Entwicklung der kindlichen Persönlichkeit charakteristisch sind, fasst er unter folgenden Stichworten zusammen:

- Grundvertrauen gegen Grundmisstrauen
- Autonomie gegen Scham und Zweifel
- Initiative gegen Schuld.

Bevor wir mit ihrer Darstellung im Einzelnen beginnen, haben wir auf zweierlei hinzuweisen:

- Wir beginnen mit dem Säuglingsalter, weil gerade diese Phase einen maßgeblichen Einfluss auf die Gesamtentwicklung hat und alle folgenden Konflikte nachhaltig beeinflusst.
- Da sich die Konflikte im Zusammenhang mit dem Erwerb bestimmter Fähigkeiten ergeben, müssen wir zunächst die allgemeine Entwicklung skizzieren. Vor diesem Hintergrund sind dann die für die Persönlichkeitsentwicklung grundlegenden Konflikte und deren Lösungen ins Auge zu fassen.

Grundvertrauen gegen Grundmisstrauen

Bei der Beschreibung der ersten Lebensphase verweist Erikson auf den Mund als das zentrale Organ für den Säugling. Durch ihn nimmt er die Nahrung auf, von der sein Überleben abhängt. Den Vorgang der Nahrungsaufnahme benutzt Erikson, um das Verhalten des Säuglings allgemein zu charakterisieren. So wie sich das Kind die Nahrung einverleibt, so verleibt es sich gleichsam auch mit seinen Sinnesorganen das ein, was ihm an Reizen angeboten wird. Neben der Nahrung sind es gerade diese Reize, die die Lebensfähigkeit des Kindes garantieren. Im Laufe der ersten Lebensmonate gelingt es dem Säugling immer besser, seine Umgebung aktiv in sich aufzunehmen. Dazu ein paar Beispiele: Die Zähne entwickeln sich. Er kann zubeißen und abbeißen. Mit den Augen kann er Gegenstände sehen, die sich nun von ihrem Hintergrund abheben. Mit dem Gehör kann er Töne unterscheiden und sie lokalisieren. Mit den Händen kann er gezielt zugreifen.

Dem Vorgang des Sich-Einverleibens korrespondiert der Vorgang des Bekommens. Denn das Kind kann nur das in sich aufnehmen, was ihm dargeboten oder gereicht wird. Dabei ist entscheidend, dass das Kind lernt, das von der Mutter entgegenzunehmen, was sie ihm anbietet. Zum Beispiel ist es für das Kind nötig, Bewegungsabläufe zu koordinieren, um beim Stillvorgang erfolgreich zu sein. Umgekehrt muss die Mutter lernen, so auf das Kind einzugehen, dass es das bekommt, was es braucht und was gut für es ist. Wenn dieser wechselseitige Austausch gelingt, dann erfährt das Kind die Mutter in den Worten Eriksons als »das freundliche Gegenüber« und wird sich mit ihr identifizieren. Damit ist die wesentliche Voraussetzung dessen geschaffen, was er unter Grundvertrauen versteht. Es ist das Gefühl grundlegender Verlässlichkeit im Hinblick auf andere wie auf sich selbst. Es ergibt sich aus dem wechselseitigen und befriedigenden Austausch des Gebens und Nehmens zwischen Mutter und Kind.

Störungen des Grundvertrauens treten in der ersten Phase des Lebens dann auf, wenn dieser wechselseitige Austausch nicht gelingt. Dies kann zum Beispiel der Fall sein, wenn die Mutter – aus welchen Gründen auch immer – nicht in der Lage ist, sich ganz auf das Kind einzustellen. Daneben besteht gegen Ende des ersten Lebensjahres die Gefahr, dass die Beziehung der Mutter zum Kind ihre gewohnte Selbstverständlichkeit verliert. Dies geschieht in der Regel dann, wenn die Mutter beginnt, dem Kind nicht mehr die exklusive Aufmerksamkeit zu schenken, die anfänglich notwendig war. Sie wendet sich nun Beschäftigungen zu, die sie während der Schwangerschaft und den ersten Lebensmonaten des Säuglings vernachlässigen musste.

Um diese Störungen zu überwinden, die beim Kind zu einem dauerhaften Misstrauen gegenüber der Welt, sich selbst und anderen Personen führen können, kommt es nach Erikson darauf an, dass das Grundvertrauen gegenüber dem Grundmisstrauen in der kindlichen Entwicklung überwiegt. In diesem Zusammenhang kommt der Qualität der Beziehung zwischen Mutter und Kind entscheidende Bedeutung zu. Die Qualität der Beziehung ist dann gewährleistet, wenn die Mutter die Bedürfnisse des Kindes sensibel wahrnimmt und sie befriedigt. Zugleich ist es nötig, dass sie sich durch persönliche Vertrauenswürdigkeit auszeichnet. Erikson geht in diesem Zusammenhang so weit, dass er von den Eltern fordert, geradezu körperlich die Überzeugung auszustrahlen, dass das, was sie tun, bedeutsam und sinnvoll ist. Mit anderen Worten: Nur unter der Voraussetzung, dass die Eltern von einem grundlegenden Vertrauen in sich selbst und in ihr Leben getragen sind und dieses in ihrer Lebensgestaltung offenbaren, können sie das Maß an Vertrauen an das Kind weitergeben, das für es unverzichtbar ist, um eine gesunde Persönlichkeit auszubilden.

In diesem Zusammenhang stellt sich die Frage: Woher können die Eltern dieses tiefe Vertrauen als tragenden Lebensgrund beziehen? Als Antwort verweist Erikson auf die Religion. Sie ist es, die dem Menschen trotz vielerlei Anfechtungen zu dem Glauben verhilft, in einem umfassenden Ganzen aufgehoben und geborgen zu sein. Wer nicht religiös gebunden ist, bedarf anderer Quellen, um zu diesem grundlegenden Vertrauen zu gelangen. Wo immer das Grundvertrauen der Eltern herstammen mag – Aufgabe der Erziehung in der ersten Lebensphase ist es, es an das Kind weiterzugeben.

Zusammenfassend können wir festhalten:

- Die erste Phase des menschlichen Lebens ist durch das »Einverleiben« charakterisiert. Das Kind nimmt nicht nur Nahrung auf, sondern über seine Sinne mannigfaltige Reize, die der allgemeinen Entwicklung dienen.

- Das Grundvertrauen ergibt sich aus dem gelungenen Wechselspiel zwischen Mutter und Kind. Grundlegend dafür ist das gegenseitige Geben und Nehmen.
- Das Grundmisstrauen stellt sich ein, wenn die Mutter nicht in der Lage ist, sich dem Kind in angemessener Weise zuzuwenden und die Bedürfnisse des Kindes nicht hinreichend zu befriedigen vermag.
- Irritationen des Grundvertrauens können sich ergeben, wenn die Mutter im Laufe der Entwicklung dem Kind nicht mehr wie am Anfang ihre ungeteilte Aufmerksamkeit schenkt.
- Für die Persönlichkeitsentwicklung des Kindes ist es wichtig, dass das Grundvertrauen in der frühen Kindheit gegenüber dem Grundmisstrauen überwiegt. Erreicht wird dies, wenn die Eltern selbst in ihrem Dasein von einem tiefen Vertrauen getragen sind.

Eriksons Gedanke des Grundvertrauens als der wesentlichen Voraussetzung für die Entwicklung der Persönlichkeit besitzt elementare Bedeutung für die religiöse Erziehung. Wenn die Einstellung des Kindes zur Welt, zu anderen Personen und zu sich selbst von einem Vertrauen getragen wird, das über die personale Beziehung zu den Eltern hinausweist, dann ist damit die emotionale Grundlage für den Zugang zur Religion geschaffen. Im christlichen Zusammenhang besteht die Hoffnung, dass das Kind später Gott als denjenigen erkennen und bekennen kann, in dem es sich geborgen fühlt und sein Leben trotz vielerlei Konflikten und Anfechtungen aufgehoben weiß.

Autonomie gegen Scham und Zweifel

Der Konflikt zwischen Autonomie einerseits und Scham und Zweifel andererseits ragt zeitlich in die Anfangsphase des Vorschulalters hinein. Was es damit für eine Bewandtnis hat, wird deutlich, wenn wir uns zunächst der körperlichen Entwicklung zuwenden.

Biologisch gesehen beginnt das Kind etwa ab dem zweiten Lebensjahr seinen Muskelapparat einschließlich der Muskeln der Ausscheidungsorgane zu kontrollieren. Dabei entwickelt es allmählich die Fähigkeit, die Vorgänge des Zurückhaltens und des Gehenlassens willensmäßig zu steuern. Erikson benutzt die muskulären Vorgänge des Analbereiches und der Blase als Ausgangspunkt, um den Entwicklungsfortschritt des Kindes gegenüber dem Säugling allgemein zu charakterisieren. Die neu erworbene Fähigkeit besteht zum Beispiel in dem Bedürfnis, Dinge festzuhalten, um sie kurz danach fallen zu lassen. Oder es schmiegt sich an die Eltern an, und kann sie unmittelbar danach heftig wegstoßen.

Diese einander scheinbar widersprechenden Verhaltensweisen sind nach Erikson Ausdruck des kindlichen Kampfes um Autonomie, der die erzieherische Kompetenz der Eltern herausfordert. Erhebliche Störungen im Hinblick auf die Bildung der kindlichen Persönlichkeit können sich dann ergeben, wenn die elterliche Einflussnahme zu früh und zu rigide erfolgt. Dadurch wird dem Kind die Möglichkeit genommen, nach und nach die Ausscheidung und seine anderen impulsiven Tätigkeiten eigenständig zu kontrollieren. Daneben besteht die Gefahr, dass das Kind fortgesetzt beschämt wird, wenn die Kontrolle seiner Ausscheidungsorgane misslingt. Es wird an sich und seinen Fähigkeiten zweifeln, weil es den elterlichen Geboten nicht zu entsprechen vermag. Die Folge davon ist, dass sich das Kind in doppelter Weise als machtlos erfährt: zum einen gegenüber seinem Körper und zum anderen gegenüber den Eltern und ihren Forderungen. Diese Machtlosigkeit führt beim Kind in der Regel dazu, dass es darauf entweder mit einem Rückfall auf die frühere Stufe reagiert oder Autonomie vortäuscht. Typisch für den Rückfall sind u. a. Daumenlutschen, weinerliches Herumnörgeln oder der Versuch, die Eltern herumzukommandieren. Das vorgetäuschte autonome Verhalten äußert sich nicht selten in Aggressivität, wobei es durchaus vorkommen kann, dass es den Kot tatsächlich oder verbal als Waffe benutzt. Zugleich kann ein solches Kind die Haltung einnehmen, dass es niemanden braucht und all das, was man von ihm fordert, allein bewältigen kann. Erikson macht in diesem Zusammenhang zurecht darauf aufmerksam, dass in diesem Stadium der Entwicklung das Verhältnis von Liebe und Hass, von Kooperation und Starrsinn, von Freiheit und Unterdrückung auf dem Spiel steht.

Grundlegend für die Entwicklung einer autonomen Persönlichkeit ist es nach Erikson, dem Kind die Möglichkeit zur Selbstkontrolle zu geben, ohne dass dabei sein Selbstwertgefühl Schaden nimmt. Dabei kommt es darauf an, dass sich das Verhalten der Eltern gegenüber dem Kind durch Verbindlichkeit und durch Toleranz auszeichnet. Das Kind braucht eindeutige Orientierungen. Zugleich muss es für die Eltern klar sein, dass das Kind geduldige Begleitung benötigt, um diese Orientierungen zu verinnerlichen. An dieser Stelle ist auf die Bedeutung des Grundvertrauens hinzuweisen. Wenn das Kind in der ersten Phase Vertrauen in sich selbst und andere gefunden hat, wird es ihm eher gelingen, zu autonomem Verhalten zu finden, als wenn es von dem Gefühl beherrscht wird, seinen eigenen Fähigkeiten und den elterlichen Anweisungen und Regelungen misstrauen zu müssen.

War im Blick auf die Bildung des kindlichen Grundvertrauens die Vertrauenswürdigkeit der Eltern ein entscheidender Gesichtspunkt, so gilt für die Erziehung zur Autonomie, dass sich die Eltern in den sozialen Beziehungen, in denen sie sich befinden, als selbstbewusste und eigenständige Persönlichkeiten erleben. Dies gilt zum Beispiel für ihre Beziehung in der Ehe, am Arbeitsplatz und im politischen Leben. Wenn dies nicht der Fall ist, dann ist zu erwarten, dass sie ihre Unsicherheiten und Zweifel, die sie haben, auf das Kind und dessen Erziehung und Entwicklung übertragen.

Zusammenfassend können wir festhalten:

- Die Entwicklung der Autonomie hängt aufs Engste mit der Fähigkeit des Kindes zusammen, Kontrolle über seine Ausscheidungsorgane zu gewinnen.
- Beeinträchtigt wird diese Entwicklung, wenn das Kind in diesem Zusammenhang durch elterliche Erwartungen überfordert oder gar beschämt wird.
- Das Kind reagiert darauf in der Regel mit Regression oder vorgetäuschter Autonomie.
- Ziel dieser Phase muss es sein, dass das Kind durch Verbindlichkeit und Toleranz die Fähigkeit zur Selbstkontrolle entwickelt.
- Das Erreichen dieses Zieles wird erleichtert, wenn das Kind in der ersten Phase gelernt hat, sich selbst und den Eltern zu vertrauen.
- Voraussetzung dieser Erziehung ist, dass sich die Eltern selbst als autonome Persönlichkeiten erleben und Sicherheit ausstrahlen.

Welche Auswirkungen hat das Gesagte im Hinblick auf das religiöse Selbstverständnis des Menschen? Wenn ein Kind von Scham und Zweifel beherrscht wird, dann ist davon auszugehen, dass dadurch sein Gottesbild und seine Gottesbeziehung erheblich belastet werden. Zu vermuten ist, dass es Gott als denjenigen erlebt, der es ständig beobachtet und ihm argwöhnisch gegenübersteht. Im späteren Leben wird es die Erfahrung machen, dass es den Geboten und Forderungen Gottes nicht gewachsen ist, und sich möglicherweise ganz von Gott abwenden. Das Gegenteil wird bei den Kindern der Fall sein, die eine autonome Persönlichkeit entwickeln. Ihre Vorstellungen von Gott werden von der Annahme geleitet, dass Gott ihnen Freiheit und Verantwortung schenkt, ihr Leben zu gestalten. Verfehlungen, die sich im Lauf des Lebens ergeben, werden sie von der vergebenden Gnade Gottes aufgehoben wissen.

Initiative gegen Schuld

Die Phase, der wir uns nun zuwenden, erstreckt sich weitgehend auf das Vorschulalter. Nach Erikson erwerben Kinder dieser Altersstufe drei neue Fähigkeiten:

- Das Kind ist in der Lage, sich frei zu bewegen. Zwar hat es bereits früher Gehen gelernt, nun aber kann es seine Beine uneingeschränkt benutzen. Dadurch erweitert sich sein Bewegungsradius.
- Im Hinblick auf die Sprachentwicklung ist das Kind so weit fortgeschritten, dass es Vieles versteht und zugleich gründlich missversteht, wie wir im Zusammenhang mit der geistigen Entwicklung gesehen haben. Es gebraucht das neue Werkzeug der Sprache, um endlos Fragen zu stellen.
- Die Sprache und sein erweiterter Bewegungsradius führen zu unzähligen neuen Entdeckungen. Dies hat einen entscheidenden Einfluss auf die Erweiterung und Belebung seiner Phantasie. Dabei kommt es immer wieder vor, dass das Kind Angst vor dem bekommt, was es sich selbst ausgedacht hat.

Das Kind im Vorschulalter verfügt über viel überschüssige Energie, die es zusammen mit den neu entwickelten Fähigkeiten uneingeschränkt aktiv und unternehmungslustig macht. Den ungebremsten kindlichen Tatendrang fasst Erikson unter dem Begriff der *Initiative* zusammen. Bezeichnend dafür ist der Charakter der Aufdringlichkeit. Die Vier- bis Siebenjährigen besitzen ein hohes Maß an Neugier. Sie stecken gleichsam ihre Nase in alles, was ihnen begegnet. Durch lautes und aggressives Sprechen dringen sie akustisch in die Person ein, der sie etwas mitzuteilen haben. Nicht selten bewegen sie sich stürmisch auf Personen zu und rennen in sie hinein. Zusammenfassend lässt sich ihr Verhalten, das auf Wettbewerb und Eroberung aus ist, als zielorientiert beschreiben. Typisch ist dafür unter anderem auch, dass sie sich mit anderen

Personen vergleichen. Sie stellen dabei zum Beispiel fest, wie groß sie im Vergleich zu ihren Geschwistern oder Eltern sind.

Die eben erwähnte Neugier der Kinder im Vorschulalter bezieht sich nicht nur darauf, was ihnen in ihrer Umwelt begegnet, sondern auch auf die Sexualität. Von besonderem Interesse sind dabei für sie die Genitalien und deren Funktionen bei beiden Geschlechtern. Dabei entwickeln sie oft phantastische Vorstellungen vom Geschlechtsakt. Die erwachte kindliche Sexualität bleibt nicht ohne Folgen für die Beziehung zu den Eltern. Der Junge fühlt sich besonders von der Mutter angezogen. Dabei tritt er zwangsläufig in Konkurrenz zu seinem Vater. Umgekehrt sieht sich das Mädchen mit seinem Vater verbunden. Die Mutter wird für es zur Rivalin, denn es möchte den Vater ganz für sich haben. Freud fasst die damit verbundenen emotionalen Spannungen unter dem Begriff des Ödipuskomplexes zusammen, den Erikson übernimmt.

Weil die Kinder ihre sexuellen Wünsche nicht ausleben können, werden sie in den Bereich der Phantasie verlagert. Übermächtige Vorstellungen können dabei vom Kind Besitz ergreifen, die bei ihm das Gefühl von Schuld und Angst auslösen. Aufgrund der weitgehenden Unfähigkeit, zwischen Phantasie und Realität zu unterscheiden, fühlt es sich für Taten verantwortlich, die es nicht begangen hat und zu denen es biologisch gar nicht in der Lage gewesen wäre.

Verschärft werden die Schuldgefühle durch das Erwachen des Gewissens auf dieser Altersstufe. Das Kind hört in seinem Inneren eine Stimme, die es, wenn es religiös aufwächst, in der Regel mit der Stimme Gottes identifiziert. Die Konflikte, die sich daraus für das Kind ergeben, werden oft übersehen, weil das Kind seine Schuldgefühle und seine Angst nicht unmittelbar mitteilt. Umso wichtiger ist es, Kenntnis davon zu haben, um daraus Konsequenzen für den Umgang mit Kindern ziehen zu können.

Zusammenfassend können wir festhalten:

- Die Altersphase zwischen dem vierten und siebenten Lebensjahr zeichnet sich durch einen großen Tatendrang der Kinder aus, den Erikson mit dem Begriff »Initiative« bezeichnet.
- Neugierig wendet sich das Kind allem Neuen zu. Dazu gehört auch sein wachsendes Interesse an der Sexualität, das zu vielfältigen phantastischen Vorstellungen führt.
- In diese Phase fällt auch der Ödipuskomplex, der bei den Kindern nicht selten Schuldgefühle auslöst. Sie werden durch das Erwachen des kindlichen Gewissens oft verschärft.

Was bedeutet dies alles für die Persönlichkeit des Kindes? Wenn es gelingt, die inneren Konflikte, die sich angesichts von Initiative und Schuld ergeben, zu überwinden, dann lassen sich drei Aspekte hervorheben, die für die weitere Entwicklung bestimmend sind:

- Durch das Erwachen des Gewissens gelangt das Kind zu inneren Orientierungen, die der Entwicklung der Moral dienen.
- Das Interesse des Kindes an der Sexualität führt zur Vorbereitung auf die zukünftige Rolle als Mann oder Frau.
- Die kindliche Initiative gibt zu vielen Entdeckungen und zu konstruktiven Aktivitäten im Sinne des Machens und Herstellens Anlass. Dadurch wird der Grundstein für die verantwortliche Teilhabe am gesellschaftlichen Leben gelegt.

Um dem Kind zu helfen, die sich abzeichnenden Fähigkeiten zu erlangen, ist erzieherisch Folgendes zu beachten:

- Im Zusammenhang mit der Gewissensbildung kommt dem Verhalten der Eltern eine Schlüsselrolle zu. Sie sind es, die durch Regeln, Gebote und Verbote die Inhalte des kindlichen Gewissens bestimmen. Selbstkritisch sollen sie die Erwartungen überprüfen, die sie an das Kind herantragen. Wenn die Anforderungen, die sie an das Kind stellen, es überfordern, dann programmieren sie gleichsam die Schuldgefühle und Gewissenskonflikte beim Kind vor, die eine entkrampfte Entwicklung verhindern.

- Die Eltern sind für die Glaubwürdigkeit dessen verantwortlich, was das Kind durch seine innere Stimme wahrnimmt. Wenn sich Eltern über die aufgestellten Regeln und Anordnungen hinwegsetzen, die die Inhalte des kindlichen Gewissens bilden, dann kann dies zu einem tiefgreifenden Vertrauensbruch zwischen dem Kind und seinen Eltern führen. Denn das kindliche Gewissen stellt kompromisslose Forderungen, die keine Zugeständnisse erlauben. Das Kind klagt von den Erwachsenen das gleiche Verhalten ein, das sein Gewissen von ihm fordert.
- Im Hinblick auf das sexuelle Interesse und den damit verbundenen möglichen Schuld- und Angstgefühlen ist es angeraten, die Kinder in angemessener Weise über die Geschlechtlichkeit des Menschen aufzuklären und ihnen Hilfen zu geben, zu einem Verständnis der Beziehung von Mann und Frau zu gelangen. Viele Bilderbücher zu diesem Thema können als anschauliche Gesprächsgrundlage dienen. Eine solche Aufklärung sollte bei den Kindern angesichts fehlender sexueller Voraussetzungen im Vergleich zu den Erwachsenen nicht zu Gefühlen der Minderwertigkeit führen.
- Um die zukünftige Rollenfindung von Mann und Frau zu erleichtern, ist es wichtig, dass Kinder die Möglichkeit bekommen, ihre Phantasien als zukünftige Eltern auszuspielen. Das geschieht in der Regel in sogenannten Symbolspielen. Die Kinder spielen Hochzeit, das getraute Paar bekommt Kinder, die Kinder werden von den Eltern versorgt usw. Große Bedeutung hat in diesem Zusammenhang auch das Spiel mit Puppen, wobei dies keineswegs auf Mädchen beschränkt sein sollte, um einer einseitigen Festlegung von Rollenklischees entgegenzusteuern.

- Um die Initiative des Kindes in konstruktive Bahnen zu lenken, ist es für das Kind hilfreich, wenn es Spielzeug zur Verfügung hat, mit dem es hantieren oder etwas herstellen kann. Dadurch werden grundlegende geistige Fähigkeiten geschult, die sich auf das Planen und Konstruieren von Gegenständen beziehen. Zugleich entwickelt das Kind durch solche Tätigkeiten ein gesundes Selbstwertgefühl. Es erfährt, dass es etwas erreichen kann. Dies ist eine wesentliche Voraussetzung für die kindliche Motivation, sich engagiert mit der Umwelt auseinanderzusetzen und neue Lernerfahrungen zu sammeln. Für die Gesamtentwicklung der Persönlichkeit ist es hilfreich, wenn das Kind solche Spiele nicht nur allein, sondern mit anderen Kindern oder mit Erwachsenen ausführt. Dadurch erwirbt es wichtige soziale Kompetenzen, die sich vor allem in der Fähigkeit zur Kooperation zeigen.
- Für die Überwindung der Rivalität zwischen Vater und Sohn und Tochter und Mutter ist es sinnvoll, wenn sich der jeweilige Elternteil mit dem entsprechenden Kind gemeinsam Aufgaben zuwendet, die für das Kind verständlich und zugänglich sind. Daraus kann sich eine dauerhafte Kameradschaft entwickeln, die zu einem entkrampften Verhältnis zwischen den Eltern und Kindern angesichts der ödipalen Konfliktsituation führt. Zugleich werden dadurch mögliche Schuldgefühle relativiert, die das Kind in dieser Altersstufe haben kann.

Im Zusammenhang mit der religiösen Entwicklung kommt dem Aufbau des Gewissens zentrale Bedeutung zu. Wenn das Kind die innere Stimme, die es vernimmt, mit der Stimme Gottes identifiziert, dann kann ein strenges Gewissen eine dauerhafte Belastung der Gottesbeziehung zur Folge haben. Dies wird besonders dann der Fall sein, wenn die Eltern von sich aus bei der Gewissenserziehung Gott ins Spiel bringen, indem sie etwa darauf hinweisen, dass bestimmte Verhaltensweisen Gott nicht gefallen. Ein mahnendes Beispiel für ein fehlgeleitetes Gewissen findet sich in dem Buch von Tilman Moser »Gottesvergiftung«. In ihm beschreibt der Autor die verheerenden Folgen einer gebieterischen religiösen Erziehung. Sie führte bei ihm dazu, dass er sich bei allem, was er tat und dachte, von Gott beobachtet fühlte. Die Angst, von Gott dafür zur Rechenschaft gezogen zu werden, erdrückte ihn geradezu. Um solche Fehlentwicklungen zu vermeiden, die nicht zuletzt zu einer Lähmung der kindlichen Initiative führen, ist es wichtig, das kindliche Gewissen erzieherisch nicht zu missbrauchen, sondern das Selbstbewusstsein und das Selbstwertgefühl des Kindes zu stärken. Dies wird dann der Fall sein, wenn das Kind mit Aufgaben konfrontiert wird, denen es gewachsen ist. Zugleich gilt es, von Gott als dem lieben Vater zu erzählen, der die Menschen versteht und die Schuld von ihnen nimmt.

Fragen zum Nachdenken und Diskutieren

- Erklären Sie im Anschluss an Piaget die Begriffe »Assimilation« und »Akkomodation«. Welche Beispiele fallen Ihnen dazu ein?
- Welche Erfahrungen mit Kindern deuten darauf hin, dass das Kind zwischen Phantasie und Wirklichkeit oft nicht unterscheidet?
- Finden Sie Beispiele, die zeigen, dass das Weltbild des Kindes egozentrisch ist.
- Tragen Sie Beispiele dafür zusammen, dass das Kind die Welt magisch deutet.
- Beobachten Sie Kinder und erläutern Sie deren Sprachverhalten.

- Berichten Sie von moralischen Konflikten von Kindern und versuchen Sie sie psychologisch zu erläutern.
- Erläutern Sie, welche Rolle dem Vertrauen in der frühen Kindheit zukommt und von welchen Verhaltensweisen der Eltern dieses Vertrauen abhängig ist.
- Welche Konflikte können im Zusammenhang mit der Reinlichkeitserziehung entstehen? Welche Auswirkungen können sie auf die Entwicklung der Persönlichkeit haben?
- Welche Konflikte sind in der Ödipusphase zu erwarten? Wie sollte damit erzieherisch umgegangen werden?
- Wie ist das Entstehen des kindlichen Gewissens zu erklären? Welche Regeln sollten für die Gewissenserziehung gelten?
- Welche Schlussfolgerungen ergeben sich aufgrund der entwicklungspsychologischen Voraussetzungen im Vorschulalter für die religiöse Erziehung des Kindes?

5. Wie Kinder glauben

Im folgenden Kapitel geht es darum, näher ins Auge zu fassen, wie Kinder glauben. Dabei ist es unser Anliegen, von den Kindern selbst und ihren religiösen Voraussetzungen auszugehen. Entsprechend werden wir zunächst die Frage aufgreifen, wie Kinder in dieser Lebensphase zu Vorstellungen von Gott gelangen und worin ihre Gottesbeziehung besteht. Anschließend wollen wir die Fragestellung ausweiten und allgemein nach dem kindlichen Glauben fragen. Die Beschäftigung mit diesen beiden Themen verschafft uns die Möglichkeit, zu erzieherischen Schlussfolgerungen zu gelangen, auf die wir im folgenden Kapitel zu sprechen kommen werden.

Entwicklung der Gottesvorstellung und der Gottesbeziehung

Bei der Darstellung der Entwicklung der Gottesvorstellung und der Gottesbeziehung in der Kindheit greifen wir auf Forschungsergebnisse der amerikanischen Ärztin und Psychotherapeutin Ana-Maria Rizzuto zurück, die in Chicago gewirkt hat. Einfühlsam beschreibt sie in ihrem Buch »The Birth of the Living God«, das leider nicht ins Deutsche übersetzt worden ist, wie der junge Mensch zu Vorstellungen von Gott gelangt und welche Auswirkungen sie im Hinblick auf sein weiteres Leben haben können.

Grundlagen der Gottesbeziehung

Ziel der religiösen Erziehung ist es, dem Kind zu einem vertrauensvollen Verhältnis zu Gott zu verhelfen. Grundlage dafür ist, wie wir bei Erikson gesehen haben, dass sich das Kind selbst annehmen kann und Vertrauen zu sich und der Welt gewinnt. Dieses Vertrauen wird in der frühesten Kindheit durch die Eltern und deren liebevolle Fürsorge vermittelt. In der Art und Weise, wie sich vor allem die Mutter dem Säugling zuwendet, ihn uneingeschränkt akzeptiert, bewundert, Gefallen an ihm findet, gibt sie ihm eine Vorstellung von ihm selbst. Durch ihre Annahme des Kindes, ihr Vertrauen und ihre Begeisterung für das Kind, teilt sie ihm mit, was es ist und wer es ist. Die Mutter wird so gleichsam zu einem Spiegel des Kindes, in dem es sich selbst erleben und annehmen kann. Später wird diese Erfahrung des Spiegelns auf Gott übertragen. Ein Hinweis darauf findet sich nach Rizzuto nicht zuletzt in 1. Mose 1,27. Dort heißt es: »Gott schuf den Menschen nach seinem Bilde, nach dem Bilde Gottes schuf er ihn.«

Phantasiebegleiter in der Übergangsphase

Wenn diese Phase des Spiegelns normal verlaufen ist, beginnt das Kind, das sein eigenes Selbst in dem Vergrößerungsglas der grandiosen Vorstellung des Mutter- und des Vaterbildes gesehen hat, sich langsam davon zu lösen. Es entwickelt eigene Vorstellungen von sich und von den Eltern. Dieser Entwicklungsabschnitt wird innerhalb der Entwicklungspsychologie als Übergangsphase bezeichnet. Sie beginnt in der Regel zwischen dem zweiten und dritten Lebensjahr. Sogenannte Übergangsobjekte, die das Kind zum Beispiel in Form von Stofftieren findet, helfen ihm, sein eigenes Selbst und das der Eltern zunehmend realistischer wahrzunehmen. Dazu tritt eine weitere Besonderheit. In der Übergangsphase bevölkert das Kind seine Erlebniswelt mit Phantasiegestalten. Zu ihnen können Gespenster, Teufel, Hexen, Engel, Helden oder Superhelden gehören. Oftmals sind es Gestalten aus dem Fernsehen oder aus Märchen oder Geschichten, deren sich das Kind bedient und die es für seine Zwecke umgestaltet.

Rizzuto bemerkt, dass diese absonderlichen Gestalten, die die Kinder in ihrer Phantasie begleiten, keineswegs Ausdruck einer psychischen Fehlentwicklung sind. Ganz im Gegenteil: Es sind wichtige Verbündete des Kindes, die es ihm erleichtern, Frustrationen der realen Welt zu ertragen und sich den Anforderungen der Umwelt anzupassen. Im Einzelnen können die Phantasiebegleiter nach Rizzuto folgende Aufgaben im Leben des Kindes übernehmen:

- Sie werden als Sündenböcke benutzt. Das Kind lässt gleichsam stellvertretend seine Wut an ihnen aus.
- Sie dienen dazu, die Allmachtsphantasien des Kindes zu bestätigen und zu verlängern.
- Sie steuern das Verhalten des Kindes, indem sie als eine Art Über-Ich benutzt werden, das dem Kind sagt, wie es sich richtig zu benehmen hat.
- Sie sind Begleiter von vernachlässigten und vereinsamten Kindern. Sie helfen ihnen, ihre Einsamkeit zu überwinden.
- Sie werden vom Kind dazu benutzt, leidvolle Erfahrungen der Umwelt zu korrigieren.
- Sie helfen dem Kind in Krisensituationen. Dadurch bewahren sie es vor einem Rückfall auf eine frühere Entwicklungsstufe.
- Sie stellen personenhaft Ich-Ideale dar. Das heißt, sie vermitteln dem Kind Vorstellungen, wie es sein möchte.

Wesentlich für die Entstehung der Gottesvorstellung bzw. der Gottesbeziehung ist es, dass Gott mit den eingebildeten phantasierten Gestalten auftaucht. Zunächst ist er einer von ihnen ohne besondere Eigenschaften oder Qualitäten, die ihn den restlichen Phantasiegestalten überlegen erscheinen ließen. Nach Rizzuto kann er aber rasch infolge von soziokulturellen, religiösen, rituellen, familiären und entwicklungsbedingten Gegebenheiten Macht und Überlegenheit erhalten.

Warum dies so ist, wird deutlich, wenn wir unser Augenmerk auf das kulturelle Umfeld lenken, in dem ein Kind aufwächst. Dabei gehen wir von einer Dorfgemeinde auf der Schwäbischen Alb aus. Das Kind nimmt wahr, dass Menschen respektvoll von Gott reden. Es lernt besondere Menschen – z. B. den Pfarrer oder die Pfarrerin – kennen, die mit Gott aufgrund ihres Amtes zu tun haben. Sie sprechen oftmals in feierlicher Sprache von ihm. Das Kind sieht bestimmte Gebäude, in denen Gott verehrt wird. In manchen Familien wird der Gottesglaube praktiziert. Wenn es mit seinen Eltern das Gotteshaus betritt, wird es ermahnt, still zu sein. Zugleich verändert sich das Verhalten der erwachsenen Begleiter. Das Kind beobachtet, dass sich die Eltern im Gebet an Gott wenden und sich vor ihm verbeugen. Gott wird so als Person erkennbar, die real existiert, Kraft hat und für die Welt und das Geschehen auf ihr verantwortlich ist. Wenn das Kind fragt, wo sich diese übermächtige Person befindet, erhält es in der Regel die Antwort »überall«.

Gott unterscheidet sich demnach von den anderen Phantasiegestalten, die als Begleiter für das Kind bedeutsam sind. Das Verhalten der Erwachsenen gegenüber ihnen ist grundverschieden. Sie lachen über sie, wenn sie von ihnen erfahren, machen ihre Späße mit ihnen und geben respektlose Kommentare ab. Das Kind bemerkt den Unterschied und erkennt, dass der Name Gottes ernst gemeint ist. Darüber hinaus erfährt es unter Umständen, dass Gott es strafen, segnen oder lieben kann. Wenn die Erwachsenen darüber sprechen, sind sie ernst und glaubhaft. Ein Problem bleibt jedoch für das Kind bestehen: Gott ist unsichtbar. Er erscheint zwar als mächtig, respektiert und allgegenwärtig, aber als Person ist er nirgends zu erkennen. Aus Erfahrung kennt das Kind nur zwei Menschen, die diese Eigenschaften teilen: Vater und Mutter. Es benutzt nun seine Vorstellungsbilder von den Eltern und baut aus ihnen seine Vorstellung von Gott auf. Dadurch gewinnen die Kinder eine menschenähnliche Vorstellung von Gott, die uns in Kinderzeichnungen bis ins späte Grundschulalter und darüber hinaus begegnet. Damit hängt auch zusammen, dass Kinder im Vorschulalter oftmals Fragen stellen, die sich auf den von ihnen menschlich vorgestellten Gott beziehen: Hat Gott ein Telefon? Besitzt er ein Auto? Hat er eine Frau? Hat er einen Pipi? Wo wohnt Gott?

Aufgrund des Gesagten ergibt sich, dass drei wesentliche Faktoren die kindliche Vorstellung von Gott und seine Beziehung zu ihm prägen: das seelische Erleben des Kindes, das soziale und kulturelle Umfeld, in dem das Kind aufwächst, und das Bild, das das Kind von seinen Eltern hat. Lohnend erscheint es, darauf noch einmal näher einzugehen. Dabei wird deutlich, dass Kinder, selbst wenn sie in den gleichen Familien aufwachsen, Gott äußerst unterschiedlich erfahren können.

Beginnen wir mit dem seelischen Erleben des Kindes. Kinder verwenden aufgrund ihrer jeweiligen Individualität unterschiedliche Strategien, um alltägliche Konfliktsituationen zu bewältigen. Dabei kommt den Phantasiebegleitern, wie wir wissen, eine wichtige Rolle zu. In welcher Weise sie von den Kindern benutzt werden, haben wir oben im Anschluss an Rizzuto beschrieben. Wenn von den Kindern Gott als Phantasiebegleiter herangezogen wird, dann bestimmen die jeweiligen Konflikte des Kindes maßgeblich sein Gottesbild und seine Gottesbeziehung. Dabei ist es möglich, dass Gott beispielsweise dazu benutzt wird, um Allmachtsphantasien des Kindes zu befriedigen, oder er wird angesichts der Übermacht der Eltern zu einem vertrauten Verbündeten des Kindes. Die Konsequenz davon ist, dass jedes Kind *seinen* Gott hat, der keineswegs identisch ist mit dem Gott, der in der Kirche verkündigt wird.

Denkbar ist es aber auch, dass Gott im Seelenleben des Kindes nur eine geringe oder gar keine Rolle spielt. Das hängt nicht zuletzt von dem sozialen und kulturellen Umfeld ab, in das ein Kind hineingeboren wird. Kinder, die in Familien aufwachsen, in denen regelmäßig gebetet wird, biblische Geschichten erzählt werden, der Gottesdienst besucht wird, christliche Feste begangen werden und die im Vorschulalter einen christlichen Kindergarten besuchen, werden andere Vorstellungen von Gott entwickeln als die Kinder, die nur zufällig mit Gott in Berührung kommen, sei es durch Bilder aus dem Fernsehen, sei es durch gelegentliche Kirchenbesuche bei Urlaubsreisen. Wieder andere Vorstellungen von Gott werden Kinder entwickeln, die zum Beispiel ein religiös gleichgültiges oder sogar religionsfeindliches Umfeld erleben.

Schließlich ist zu bedenken, dass das Elternbild der Kinder einen starken Einfluss auf die Entwicklung des Gottesbildes und der Gottesbeziehung haben kann. Wichtige Persönlichkeitsmerkmale, die das Kind bei seinen Eltern findet, wird es auf Gott übertragen. Dazu gehören u. a. Verlässlichkeit, Stärke, Fleiß, Ausdauer, Strenge, Milde oder Humor. Rizzuto konnte in ihrer Studie über die Entwicklung des Gottesbildes zeigen, dass solche Eigenschaften oftmals bis ins hohe Erwachsenenalter hinein für die Gottesvorstellung und Gottesbeziehung prägend sein können. Aus der Tatsache, dass Eltern unterschiedliche Persönlichkeitsprofile haben, ergeben sich entsprechende Unterschiede im Hinblick auf das Gottesbild und die Gottesbeziehung der Kinder. Rizzuto verwendet dafür folgendes Bild: Jedes Kind trägt Gott gleichsam wie einen Teddybär unter dem Arm. Wir können erläuternd hinzufügen, dass dieser Teddybär sehr groß oder sehr klein sein kann. Er kann wie neu aussehen oder sehr abgegriffen, je nachdem, wie oft sich das Kind an ihn klammert oder mit ihm schmust.

Im Verlauf des weiteren Lebens können die in der Kindheit erworbenen Vorstellungen von Gott und die Beziehung zu ihm Wandlungen erfahren, die der allgemeinen Reifung der Persönlichkeit entsprechen. Denkbar ist es aber auch, dass die kindlichen Vorstellungen von Gott unberührt bleiben. Darin besteht die doppelte Gefahr, dass sie später dem Heranwachsenden bedeutungslos und lächerlich erscheinen und damit jeglicher Glaube an Gott verloren geht. Andererseits ist es möglich, dass sie sich negativ auf das Seelenleben des Menschen auswirken. Dies wird dann der Fall sein, wenn die in der Kindheit gewachsene Gottesbeziehung Krisensituationen im Erwachsenenalter nicht mehr standhält. Massive seelische Störungen können sich daraus ergeben, auf die Rizzuto in ihrem Buch ausführlich zu sprechen kommt.

Wichtig für den Aufbau und die Differenzierung des Gottesbildes des Kindes ist die Begegnung mit Jesus Christus. Als Sohn Gottes, in dem sich Gott selbst offenbart, wird in seiner Person deutlich und offenkundig, wer Gott ist und welche Beziehung ihn zum Menschen auszeichnet. Leitend ist dabei die Vorstellung, dass Jesus Christus die treue Fürsorge Gottes gegenüber dem Menschen nicht nur lehrt, sondern in seinem Handeln anschaulich werden lässt. Dabei erfährt sich der Mensch als der von Gott Abhängige und der Erlösung Bedürftige. Im Glauben und Vertrauen auf Gott weiß er sich durch Jesus Christus von Gott geliebt und in ihm geborgen.

Zusammenfassend können wir festhalten:

- Grundlage der Gottesbeziehung ist das Grundvertrauen, das vor allem die Mutter dem Kind in der ersten Lebensphase vermittelt.

- In der Übergangsphase kreiert das Kind imaginäre Begleiter, die ihm helfen, mit seiner Boshaftigkeit, seinen Wutanfällen und seinen Enttäuschungen umzugehen.
- Gott ist für die Kinder zunächst wie ein Phantasiebegleiter.
- Welche Vorstellungen Kinder mit Gott verbinden, hängt von dem seelischen Erleben der Kinder, dem sozialen Umfeld, in dem sie aufwachsen, und ihrem Elternbild ab.
- Daraus folgt, dass Kinder individuelle Vorstellungen von Gott entwickeln und mit ihm auf ihre je eigene Weise in Beziehung treten oder auch nicht.
- Was im Laufe der Biographie aus der kindlichen Gottesvorstellung und Gottesbeziehung wird, hängt nicht zuletzt von der allgemeinen Persönlichkeitsentwicklung und der religiösen Erziehung ab.

Entwicklung des kindlichen Glaubens

Der Glaube der Vorschulkinder unterscheidet sich grundlegend von dem der älteren Kinder und Erwachsenen. Während diese in größeren Zusammenhängen denken und sich ihre »Theologien« zurechtlegen, ist der Glaube der Drei- bis Siebenjährigen durch eine Reihe von Kenntnissen geprägt, die sie sich mehr oder weniger zufällig aneignen. Unvermeidbare Wissenslücken schließen sie durch phantasievolle Ausschmückungen. Dabei lassen sie sich von Bildern und Fragmenten von Geschichten anregen, die ihnen in der Familie, im Kindergarten oder Kindergottesdienst begegnen. Der folgende Interviewausschnitt liefert ein anschauliches Beispiel dafür. Das Gespräch, das wir dem amerikanischen Religionspsychologen James Fowler verdanken, hat seinen Ausgangspunkt bei Fragen über Krankheit und Tod. Der vierjährige Freddy erklärt, was mit

Menschen geschieht, die krank sind. Er stellt fest, dass man da einfach ins Krankenhaus geht, und fügt hinzu: »... aber das Krankenhaus kann dich manchmal nicht wieder in Ordnung bringen.« Hier setzt unser Ausschnitt ein:

Interviewer: Was passiert, wenn sie dich nicht in Ordnung bringen können?
Freddy: Du stirbst.
Interviewer: Was geschieht, wenn du stirbst?
Freddy: Ich weiß nicht. Bin niemals vorher im Himmel gewesen, nur, als ich ein Baby war.
Interviewer: Als du ein Baby warst, warst du im Himmel?
Freddy: Ja.
Interviewer: Woher weißt du das?
Freddy: Nun, weil ich die Kälte gespürt habe.
Interviewer: Ist es kalt im Himmel?
Freddy: Ja, nein, ich glaube, es ist warm, ganz warm.
Interviewer: Wo ist der Himmel?
Freddy: Oh, hoch, hoch, ganz hoch da oben.
Interviewer: Wie sieht es dort aus?
Freddy: Oh, hohe Berge, das weiß ich vom Himmel.
Interviewer: Wer ist im Himmel?
Freddy: Gott.
Interviewer: Nur Gott? Ist er allein?
Freddy: Nein.
Interviewer: Wer ist sonst noch dort?
Freddy: Dort, dort sind die Hirten – die Hirtenmänner – ich meine die weisen Männer, die tot sind.
Interviewer: Ist sonst noch jemand im Himmel?
Freddy: Das Baby, nein, nicht das Baby Jesus.
Interviewer: Nein?
Freddy: Weil – ja das Jesuskind Gott ist.
Interviewer: Ist er es?
Freddy: Ja.
Interviewer: Also gut. Ist sonst noch jemand im Himmel?
Freddy: Maria ist da. Der heilige Josef – das ist alles, was ich weiß.

Interviewer: Der Himmel ist also, wo die Menschen hinkommen, die sterben?
Freddy: Der Geist geht hinauf.
Interviewer: Der Geist also. Was ist denn Geist?
Freddy: Es ist etwas, was dir hilft – dir hilft – dir hilft, alles zu tun.
Interviewer: Ja, wo ist er?
Freddy: In deinem Körper.
Interviewer: In dir drin?
Freddy: Ja.
Interviewer: Und was hilft er dir zu tun?
Freddy: Er hilft eine Menge Dinge zu tun.
Interviewer: Zum Beispiel?
Freddy: Ich weiß nicht. Vielleicht – vielleicht gehen. Vielleicht herumschauen und so was. Mehr weiß ich nicht.

In diesem Interviewausschnitt wird deutlich, dass Freddy nach den Maßstäben der Erwachsenen nicht logisch, sondern assoziativ denkt. Mit Widersprüchlichkeiten und gedanklichen Verwerfungen hat er keine Probleme. Sie sind für ihn gegenstandslos. Er besitzt eine Reihe religiöser Kenntnisse und benennt biblische Personen. Uns begegnen Jesus, Josef und Maria sowie »die Hirtenmänner«, die er mit den »weisen Männern« in eins setzt. Vermutlich hat er von ihnen in der Weihnachtsgeschichte gehört. Die Tatsache, dass sie im Himmel sind, bedeutet für ihn, dass sie tot sind. Zugleich geht er davon aus, dass Gott im Himmel ist. Auch weiß er, dass Jesus etwas mit Gott zu tun hat und stellt fest, dass das Jesuskind und Gott gleich sind. Am Ende des Interviewausschnitts lässt er sich von der Vorstellung leiten, dass der Geist der Menschen, wenn sie gestorben sind, in den Himmel kommt. Zugleich deutet er an, was er unter Geist versteht und welche Bedeutung er in seinem Leben hat.

Aus unterschiedlichen Versatzstücken, die aus der christlichen Tradition stammen, legt sich Freddy seine

Glaubenswelt zurecht. Das, was uns in diesem Interview begegnet, ist typisch für das Glaubensverständnis vieler Vorschulkinder. Sie benutzen unterschiedliche Informationen, die sie aus der Sicht der Erwachsenen willkürlich verbinden und scheinbar zusammenhanglos aufeinander beziehen. Aus märchenhaften Vorstellungen, religiösen Kenntnissen und faktischem Einzelwissen kreieren sie eine Welt, die keine feste Form hat, sondern sich aufgrund immer neuer assoziativer Verbindungen verflüssigt und neue Konturen annehmen kann.

Angesichts dieser Beschreibung haben wir danach zu fragen, welchen Sinn religiöse Erziehung auf dieser Altersstufe haben kann. Dabei müssen wir davon ausgehen, dass die rationale Vermittlung der christlichen Tradition dem Kind kaum helfen wird, seinen Glauben zu formieren, weil es damit wenig anfangen kann. Was Kindern im Hinblick auf ihre Glaubensentwicklung entgegenkommt, das sind zunächst innere Bilder, die ihnen helfen, zu christlichen Inhalten und theologischen Aussagen Zugang zu finden.

Zu diesen inneren Bildern gelangen sie durch biblische Geschichten, die vom Glauben und von der liebevollen Zuwendung Gottes zum Menschen erzählen. Solche Geschichten können ihnen Mut machen, ihre Konflikte im Alltag zu bewältigen. Sie stärken das Kind seelisch und helfen ihm beim Aufbau und bei der Entwicklung seines Glaubens.

In diesem Zusammenhang ist es auch denkbar, Kinder mit Geschichten bekannt zu machen, die die Härte des Lebens thematisieren. Dadurch können gleichsam die Schattenseiten des kindlichen Erlebens zur Sprache gebracht werden. Diese Geschichten setzen jedoch voraus, dass sie von Bezugspersonen erzählt werden, zu denen das Kind Vertrauen hat. Es sollte auch die Möglichkeit haben, im Anschluss an die Erzählungen mit dem Erzähler oder der Erzählerin darüber zu sprechen. Vor diesem Hintergrund ist es durchaus denkbar, beispielsweise mit

Kindern im Vorschulalter über Verrat, Angst, Tod oder Armut nachzudenken, ohne dass die Gefahr besteht, dass ein Kind seelisch von solchen Darstellungen überwältigt wird.

Durch die lebendige Phantasietätigkeit der Kinder im Vorschulalter, die Gehörtes mit aussagekräftigen Bildern verbinden, wird ihr Glaube nachhaltig inhaltlich gefüllt und emotional geprägt. Denn jene Bilder sind den Kindern oftmals jahrelang präsent. Dabei darf jedoch nicht übersehen werden, dass die Phantasie des Kindes auch missbraucht werden kann. Das geschieht dann, wenn ihnen Geschichten erzählt werden, die die Sündhaftigkeit und Verlorenheit des Menschen einseitig betonen und vor diesem Hintergrund die Kinder in eine bestimmte Glaubenshaltung drängen.

Auch das Phänomen der Angst muss erwähnt werden. Kinder im Vorschulalter träumen oftmals von Löwen, Tigern und bösen Monstern. Daneben können sie sich von Bildern verfolgt fühlen, die sie vor allem im Fernsehen gesehen haben oder die aus Geschichten stammen. Deshalb ist sorgsam auf die Auswahl der Geschichten zu achten, die wir Kindern erzählen. Denn wir müssen im Gedächtnis behalten, dass für sie diese Bilder, die sie mit denen in ihrer Phantasie in Verbindung bringen, genauso real erscheinen wie tatsächlich Erlebtes.

Neben den Geschichten sollte auch auf bildliche Darstellungen zurückgegriffen werden. Sie finden sich in vielen Bilderbibeln. Dabei sollte jedoch auf die Art und die Qualität der Illustrationen geachtet werden. Denn nicht alle Bilder, die man in Publikationen für diese Altersstufe findet, sind kindgemäß und fordern zu einer intensiven Beschäftigung mit ihnen heraus. Äußerlich gesehen sollten die Bilder von der Gestaltung her schlicht sein. Die Bildaussage sollte sich auf das Wesentliche beschränken. Das bedeutet zugleich, dass auf dem Bild nicht zu viele Einzelheiten dargestellt sein sollten, die das Kind ablenken. Je prägnanter das Bild in Form und Farbe ist, um so eher werden Drei- bis Siebenjährige die »Botschaft« des Bildes erkennen. Zugleich sollte das Dargestellte unverwechselbar und einmalig sein. Für Kinder ist es wichtig, dass sie zum Beispiel die Person Jesu oder andere Handlungsträger in einer Bilderbibel ohne Schwierigkeiten wiedererkennen können, wenn sie auf unterschiedlichen Darstellungen im Fortgang einer Geschichte in Erscheinung treten. Dazu kommt ein inhaltlicher Gesichtspunkt. Ein Kind wird dann Zugang zu einem Bild finden, wenn die dargestellten Motive auf die kindliche Lebens- und Erfahrungswelt Bezug nehmen. Gemütsregungen und Handlungen, die das Kind mit eigenem Erleben assoziieren kann, regen das Kind zur Stellungnahme und zum Erzählen an.

Zusammenfassend können wir festhalten:

- Kinder im Vorschulalter legen sich ihren Glauben aus verschiedenen Versatzstücken zurecht, die sie assoziativ miteinander verbinden. Dabei können sich aus der Sicht der Erwachsenen Widersprüche und Ungereimtheiten ergeben, die für die Kinder jedoch keine Bedeutung besitzen.
- Bei der Konstruktion ihrer Glaubenswelt greifen sie auf Inhalte zurück, die ihnen im Kindergarten, im Kindergottesdienst, in der Familie oder im Fernsehen begegnen.
- Die Glaubenswelt der Kinder ist nicht klar umrissen, sondern kann aufgrund ihrer Phantasie immer wieder neue Formen annehmen. Dennoch können eindrucksvolle innere Bilder den kindlichen Glauben nachhaltig prägen.
- Geschichten, in die aussagestarke Symbole und Bilder gleichsam verpackt sind, helfen den Kindern, Zugang zu christlichen Inhalten zu finden und ihren Glauben zu entwickeln.
- Bei bildlichen Darstellungen, wie wir sie zum Beispiel in Kinderbibeln finden, sollte auf Einfachheit und

Eindeutigkeit geachtet werden. Zugleich sollten diese Illustrationen auf die kindliche Lebens- und Erfahrungswelt Bezug nehmen.

Fragen zum Nachdenken und Diskutieren

- Erklären Sie, wie Kinder zu Vorstellungen von Gott gelangen. Welche Rolle spielen dabei die Phantasiebegleiter?
- Welchen Einfluss hat das Elternbild auf das Gottesbild?
- Beschreiben Sie das religiöse Umfeld Ihres Kindes. Welche Anregungen erhält es im Hinblick auf die Entwicklung seines Gottesbildes und seiner Gottesbeziehung?
- Wann haben Sie sich zum letzten Mal mit Ihrem Kind über Gott unterhalten? Worum ging es in diesem Gespräch? Wie verlief es?
- Welche Vorstellungen von Gott waren für Sie leitend, als Sie ein Kind waren? Wie haben Sie sich im Laufe Ihres Lebens verändert? Wie stellen Sie sich heute Gott vor?
- Wie lässt sich der kindliche Glaube im Vorschulalter beschreiben? Wie unterscheidet er sich vom Glauben der Erwachsenen?
- Vergleichen Sie die Illustrationen verschiedener Ausgaben von Kinderbibeln und finden Sie heraus, welche davon für Kinder im Vorschulalter geeignet erscheinen.

6. Anmerkungen zur religiösen Erziehung im Vorschulalter

Die religiöse Erziehung beginnt bereits in der frühen Kindheit. Die Grundlage für den Glauben und das Vertrauen des Kindes erwächst aus der liebevollen und fürsorglichen Zuwendung der Eltern zum Kind, wobei der Mutter am Anfang eine Schlüsselrolle zukommt. Im weiteren Verlauf der frühen Kindheit ist es für den Glauben des Kindes entscheidend, auf welche Weise ihm Gott begegnet. Ana-Maria Rizzuto hat – wie wir gesehen haben – erforscht, dass ein Kind Gott zunächst als Phantasiebegleiter erlebt. Deshalb braucht es möglichst viele Impulse, um diesen Phantasiebegleiter mit Inhalt zu füllen. Dabei kommt es in der frühen Kindheit nicht in erster Linie auf sprachliche Mitteilungen oder gar Belehrungen an, sondern auf das Verhalten der Eltern und später auf das anderer Erwachsener, die im Leben des Kindes eine wichtige Rolle spielen.

Am Beispiel eines Kindes, das auf der Schwäbischen Alb aufwächst, haben wir gesehen, welche Impulse für das Kind hilfreich sind, um zu einem eigenen Bild von Gott zu gelangen und eine positive Gottesbeziehung aufzubauen. Wichtig ist, dass sich die Erwachsenen bewusst sind, welchen prägenden Einfluss sie in religiöser Hinsicht durch ihr äußeres Verhalten auf den Gottesglauben des Kindes haben. Allgemein gesprochen kommt es in erster Linie nicht darauf an, was wir als Erwachsene den Kindern sagen, sondern darauf, was wir sind und was wir tun.

Für die Entwicklung der Gottesbeziehung beim Kind bedarf es Erwachsener, die sich gegenüber dem Kind respektvoll und taktvoll verhalten, die es ernst nehmen und nicht versuchen, die kindliche Gottesvorstellung mit Gewalt zu verändern, wie falsch sie aus der Sicht der

Älteren auch sein mag. Indem wir uns darauf einlassen, die Konflikte und Wünsche des Kindes zu verstehen, tragen wir dazu bei, die möglichen Schwierigkeiten, die ein Kind beim Aufbau seiner Gottesbeziehung haben mag, zu bewältigen. Es wäre äußerst bedenklich, wenn die Eltern eine fromme Haltung vortäuschen würden, die ihre wahre Einstellung zu Gott und zur christlichen Religion verstellt.

Neben dem Gesagten ist es im Vorschulalter weiterhin wichtig, immer wieder mit Kindern über Gott zu sprechen. Anlässe dazu können alltägliche Erlebnisse und Erfahrungen des Kindes sein: eine Blume, die das Kind beim Spazierengehen entdeckt, ein Vogel, der auf einem Ast sein Nest baut, ein Gewitter, das aufzieht, die Krankheit eines Kindes, der Tod eines Haustieres oder die Erinnerung an den Tauftag des Kindes. Solche Gespräche sind behutsam zu führen und sollten in einer eher heiteren und fröhlichen Atmosphäre stattfinden. Das Kind sollte die Möglichkeit erhalten, seine Vorstellungen von Gott zu entfalten und zu Schlussfolgerungen zu gelangen, ohne dass es die Erwachsenen bevormunden. Dennoch kann es für das Kind hilfreich sein, wenn es immer wieder von den Erwachsenen Impulse erhält, die seine Vorstellungen von Gott ausweiten oder umdeuten. Dabei ist jedoch daran zu erinnern, dass das Kind konkret denkt und mit abstrakten Begriffen nichts anfängt. Entsprechend braucht das Kind konkrete und anschauliche Hinweise.

Beispiele für solche Gespräche zwischen Kindern und Erwachsenen, die das Kind mit seiner Vorstellungswelt und seinen Phantasien ernst nehmen, finden sich in einem lesenswerten Buch von John Hull, einem Religionspädagogen aus England. Es trägt den doppelsinnigen Titel »Wie Kinder über Gott reden!« Der folgende Gesprächsausschnitt (S. 46f) veranschaulicht, wie Sohn und Vater sich über Gott unterhalten.

Ausgangspunkt des Gespräches ist die Frage des fünfjährigen Sohnes von John Hull nach dem Alter seines Bruders Gabriel im Verhältnis zu seinem eigenen Lebensalter:

Kind: Wie alt bin ich, wenn Gabriel eins ist?
Vater: Sechs.
Kind: Wie alt ist Gabriel, wenn ich einundzwanzig bin?
Vater: Sechzehn.
Kind: Und wenn ich neunundneunzig bin?
Vater: Vierundneunzig.
Kind: Wie alt wird er sein, wenn ich hundertvierundzwanzig bin?
Vater: So lange lebt niemand.
Kind: Bloß Gott.
Vater: Ja, das stimmt. Gott lebt ewig.
Kind: Wird er hundert und fängt wieder von vorn an? Wird er eins, zwei, drei, vier, fünf, bis hundert und wird dann ein Baby und wird eins, zwei, drei, vier, fünf, bis er wieder hundert ist und so weiter?
Vater: Nicht ganz. Weißt du, Gott hat alle Lebensalter in sich. Er ist eins, und er ist fünf, und er ist zwanzig und er ist tausend. Er hat alle diese Alter schon in sich. Wir Menschen haben nur ein Lebensalter, die wir gelebt haben, so wie du eins, zwei, drei, vier, fünf geworden bist.
Kind: Ja, wir brauchen nicht alle Alter in uns haben, weil wir ja Gott in uns haben, nicht wahr?
Vater (lachend): Ja, so könnte man es sagen!
Kind *(umarmt seinen Vater lachend)*: Vati, Vati, Vati *(drückt ihn fest)*, so könnte man es sagen? So könnte man es sagen, nicht wahr? *(Lacht unbändig.)*

Zunächst ist es die Freude am Zählen, die den Jungen überwältigt. Er demonstriert in diesem Gespräch, dass er mühelos bis fünf zählen kann. Auch kennt er einige andere Zahlwörter, wobei nicht klar ist, ob er damit bestimmte Mengenvorstellungen verbindet. Dennoch weiß er offenbar, dass hundertvierundzwanzig mehr ist als neunundneunzig, und neunundneunzig wiederum mehr als einundzwanzig. Die Lust, mit Zahlen umzugehen, tritt in dem Moment in den Hintergrund, als der Junge von sich aus Gott ins Spiel bringt, von dem er annimmt, dass er länger lebt als die Menschen auf der Erde. Nachdem der Vater das Wort »ewig« erwähnt hat, beginnt das Kind diesen Begriff inhaltlich zu füllen. »Ewig« bedeutet für es die fortgesetzte Wiederholung des Lebensalters von einem Jahr bis hundert Jahren. Diese Auffassung korrigiert der Vater behutsam und taktvoll, indem er darauf hinweist, dass Gott alle Lebensalter in sich vereinigt. Diese Information greift der Junge auf und gelangt zu der Feststellung, dass der Mensch nicht alle Lebensalter in sich haben muss, weil er Gott in sich hat. Das nun wiederum bedeutet, dass auch der Mensch mittelbar alle Lebensalter in sich hat. Die Ausgelassenheit des Jungen am Ende des Gesprächs erscheint als Ausdruck seiner gelungenen Schlussfolgerung, die vom Vater bestätigt wird.

Was im Hinblick auf die Familie gilt, gilt in gleicher Weise für die religiöse Erziehung im Kindergottesdienst und im Kindergarten. Es sollte nicht übersehen werden, dass die Kinder, die dort versammelt sind, sehr unterschiedliche Gottesvorstellungen haben können, die durch individuelle seelische Voraussetzungen der Kinder, das familiäre sowie soziale Umfeld und nicht zuletzt durch die Persönlichkeit der Eltern geprägt sind. Im Interesse der Gruppe wird oftmals gleichsam über die Köpfe der Kinder hinweg von Gott geredet. Dadurch bekommt das Kind signalisiert, dass sein Gott und seine Gottesbeziehung unwichtig und bedeutungslos sind. Um dies zu vermeiden, sollte so mit den Kindern von Gott gesprochen werden, dass sie ihre persönlichen Vorstellungen von Gott ins Spiel bringen können und die feinen Nuancen, die in der Vorstellung der Kinder bestehen, sichtbar werden. Das kann dadurch geschehen, dass die Kinder ausführlich die Gelegenheit bekommen, ihre intimen Vorstellungsbilder von Gott und die damit verbundenen Erwartungen, Befürchtungen und Hoffnungen zur Sprache zu bringen. Daran sollte sich die religiöse Erziehung in der Familie, im Kindergarten und im Kindergottesdienst orientieren.

Im Zusammenhang mit der Entwicklung des kindlichen Glaubens haben wir darauf hingewiesen, dass Kinder aussagekräftige Bilder brauchen, um Zugang zum Glauben zu gewinnen und in ihrem Glauben bestätigt zu werden. Dass Bilder eine zentrale Bedeutung im Rahmen der religiösen Erziehung besitzen, hat seinen Grund vor allem darin, dass Kinder nicht in Begriffen denken, sondern in Bildern. Sie nehmen kraftvoll und nachdrücklich auf das Seelenleben des Kindes Einfluss, weil sie sich auf dessen Gefühlsleben nachdrücklich auswirken. Vor diesem Hintergrund wird verständlich, warum Kinder bildliche Darstellungen und Märchen oder biblische Geschichten lieben. Sie sind voller lebendiger Bilder, die dem Kind helfen, sich in einer Welt zu orientieren, in der dem Kind vieles fremd und undurchsichtig erscheint. Zugleich bieten ihnen auch viele Geschichten die Möglichkeit, mit alltäglichen Konflikten umgehen zu lernen.

Wichtig ist es daher, den Kindern biblische Geschichten zu erzählen. Sie helfen Kindern zum einen, seelische Konflikte zu bewältigen. Zum anderen dienen sie dazu, das Gottesbild und die Gottesbeziehung des Kindes zu differenzieren. Dabei ist zunächst an Geschichten aus dem Alten Testament zu denken. Daneben erscheinen Geschichten aus dem Neuen Testament genau so bedeutsam, weil das Kind durch sie auf anschauliche Weise erfahren kann, wer Gott ist und wie er sich in der Person Jesu Christi den Menschen zuwendet.

An ihm wird Gott in seiner grenzenlosen Liebe zum Menschen erkennbar.

Vor diesem Hintergrund stellt sich die Frage, welche Geschichten für Kinder im Vorschulalter besonders geeignet sind. Bevor wir darauf antworten, wollen wir an vier Beispielen aus dem Alten und Neuen Testament ausprobieren, welche Bilder sie enthalten und welche Bedeutung diese Bilder für Kinder im Vorschulalter haben können. Als erstes sollen uns die Geschichten von der Arche Noah (1. Mose 6,5–9,17) und von David und Goliat

(1. Sam 17) beschäftigen. Danach wollen wir uns dem Gleichnis vom verlorenen Schaf (Lukas 15,4–7) und der Geschichte von Zachäus (Lukas 19,1–20) zuwenden.

Erstes Beispiel: Die Arche Noah

Das nachhaltige Bild, das uns in dieser Geschichte begegnet, ist die Arche. In ihr finden sowohl die Familie des Noah als auch die Tiere paarweise Schutz vor der Sintflut. Den Kindern ist diese Vorstellung nicht fremd, weil sie sich gern in einen dunklen, geschlossenen Raum zurückziehen: Sie legen eine Decke über einen Tisch und verstecken sich darunter, oder sie kriechen in einen Schrank oder in ein Baumhaus. In diesen engen, finsteren Räumen fühlen sie sich geborgen und vor den Zugriffen der Außenwelt geschützt. Solchen Schutz und solche Geborgenheit gewährt Gott Noah und seiner Familie sowie den Tieren angesichts der Katastrophe, die er über die Welt hereinbrechen lässt.

In der Sintflutgeschichte ist es zwar der Zorn Gottes, der zur Vernichtung der Erde führt, aber stärker als der Zorn ist sein Liebeswille, der in die Verheißung des Neuen Bundes einmündet. Zeichen dieses Bundes ist der Regenbogen. Dieses Bild stammt ursprünglich aus dem militärischen Bereich. Der Regenbogen ist der Bogen, der keine Sehne hat. Damit soll zum Ausdruck gebracht werden, dass Gott von nun an darauf verzichtet, den Menschen mit Waffengewalt zu bestrafen. Damit wird der Regenbogen zum Symbol des Friedens und der Versöhnung.

Gerade im Anschluss an die Beobachtung dieses Naturschauspieles bietet es sich an, die Geschichte von der Arche Noah Kindern zu erzählen und den oben angedeuteten Zusammenhang in Erinnerung zu rufen.

Zweites Beispiel: David und Goliat

Bei dieser Geschichte könnte die Frage gestellt werden, ob sie sich wegen ihres kriegerischen Inhaltes überhaupt dazu eignet, Kindern im Vorschulalter erzählt zu werden. Mögliche Einwände können dadurch entkräftet werden, dass wir nicht den Kampf in den Mittelpunkt der Erzählung stellen, sondern das Bild von Klein und Groß oder Schwach und Stark. Daraus ergeben sich viele Anknüpfungspunkte aus dem Leben der Kinder. Zum einen sind sie in einem Alter, in dem sie beginnen, Größenvergleiche anzustellen. Ihnen ist bewusst, dass sie gegenüber den Erwachsenen klein sind. Die Erwachsenen erscheinen ihnen als Riesen, vor denen sie sich nicht selten fürchten. Im Alltag erfahren sie zudem, dass ihnen die Älteren in vielerlei Hinsicht überlegen sind. In der Geschichte besiegt der Kleinere den Größeren, der ihm zunächst haushoch überlegen zu sein scheint, weil Gott auf der Seite des Unterlegenen steht.

Vor diesem Hintergrund kann die Geschichte Kindern helfen, selbst in ihrer scheinbaren Unterlegenheit ihre Stärken zu erkennen. Dabei erfahren sie, dass Gott auf der Seite der Kleinen und Schwachen steht. Die Identifikation mit David kann sie ermutigen, Konflikte im Alltag anzunehmen und sie zu überwinden. Konkrete Situationen, in denen sich Kinder im Vorschulalter ihrer geringen Größe bewusst werden, können zum Erzählen dieser Geschichte Anstoß geben.

Drittes Beispiel: Gleichnis vom verlorenen Schaf

Im Mittelpunkt des Gleichnisses steht die Freude über das, was verloren schien. Dieser Freude geht intensives Suchen voraus. Der Hirte sorgt sich um das verlorene Schaf und durchstreift das Gelände so lange, bis er es schließlich wohlbehalten findet. Diese Geschichte bietet für Kinder viele Anhaltspunkte aus ihrem Alltagsleben. Sie selbst wissen, wie sie sich fühlen, wenn sie etwas verloren haben, was ihnen lieb und wert ist, etwa ein geliebtes Stofftier. Sie wissen auch, wieviel Geduld notwendig ist, nach dem Verlorenen zu suchen. Daneben haben sie vielleicht schon erlebt, was es bedeutet, verloren zu gehen, z. B. bei einer Ausstellung oder auf einem Volksfest. Vor dem Hintergrund der Angst, die sich in solchen Situationen einstellt, vermittelt das Finden oder Gefundenwerden ein geradezu unbeschreibliches Glücksgefühl. Es drängt dazu, es mit anderen zu teilen. Aufgrund der eigenen Erfahrungen, die das Kind mit dem Gleichnis verbinden kann, wird es ihm leicht fallen, ein Gespür dafür zu bekommen, wie sehr sich Gott freut, wenn sich Menschen von ihm und seiner Liebe finden lassen.

Viertes Beispiel: Die Geschichte von Zachäus

Wie bei David geht es in dieser Geschichte auch um die Körpergröße. Zachäus ist so klein, dass er nicht über die Menschenmenge hinweg blicken kann, um Jesus zu sehen. Klug behilft er sich, indem er auf einen Baum steigt. Dazu kommt ein weiteres Motiv. Zachäus ist neugierig. Er will Jesus sehen, von dem er offenbar schon gehört hat. Weiterhin ist über Zachäus zu sagen, dass er ein Mensch ist, mit dem die anderen nichts zu tun haben wollen, weil er sie beim Zoll übervorteilt. Das Bild, das im Zentrum dieser Geschichte steht, ist die vorbehaltlose Liebe Jesu gegenüber dem Zöllner, den alle verachten. Indem ihn Jesus anschaut, ihn anspricht, sich bei ihm einlädt und schließlich bei ihm einkehrt, ändert sich das Leben des Zachäus grundlegend. Es ist die bedingungslose Liebe Gottes, die ihm in Jesus begegnet. Aufgrund dieser Begegnung wandelt sich sein Leben. Er ist bereit, sich zu ändern und ein neuer Mensch zu werden.

Anknüpfen kann diese Geschichte bei Erfahrungen der Kinder, die sie etwa im Kindergarten machen, wenn andere Kinder nicht mit ihnen spielen oder ihre Freunde sein wollen. Von geradezu existenzieller Bedeutung ist es für sie dann, wenn ihnen ein Mensch begegnet, der sich ihnen zuwendet und sie so nimmt, wie sie sind. Dies kann sie ermutigen, ihre Konflikte zu überwinden und ihnen helfen, sich auf andere so einzustellen, dass sie in die Gemeinschaft zurückfinden. Auf diese Weise ist diese Geschichte im Horizont der Kinder bedeutungsvoll. Damit ist zwar nicht ihr voller theologischer Gehalt ausgeschöpft, aber am Handeln Jesu können die Kinder erahnen, dass sich Gott vorbehaltlos jedem Menschen zuwendet und ihm die Möglichkeit schenkt, sich und sein Verhalten gegenüber anderen zu verändern.

Oben sind wir von der Frage ausgegangen, welche biblischen Geschichten für Kinder besonders geeignet erscheinen. Aufgrund des Gesagten ergeben sich folgende Aspekte:

- Für Drei- bis Siebenjährige sind solche Geschichten geeignet, die starke Bilder enthalten, die an die Lebens- und Erfahrungswelt von Vorschulkindern anknüpfen.
- Bei der Auswahl der Geschichten ist von der Frage auszugehen, ob eine Geschichte für die betreffenden Kinder ansprechend erscheint und welche Hilfe sie ihnen bei der Bewältigung von Konflikten oder für die Entwicklung ihres Glaubens bieten kann.
- Im Einzelnen ist danach zu fragen, ob die Bilder in einer Geschichte Hoffnung schenken, den Glauben an Gott stärken oder zu neuen Einsichten über Gott führen.
- Schließlich ist für die Auswahl von Geschichten mit entscheidend, ob die Erzählenden selbst eine Geschichte als bedeutungsvoll erleben. Eine Geschichte, die sie nicht anspricht, werden sie nur halbherzig weitererzählen können und sie wird für die Kinder weitgehend bedeutungslos bleiben.
- Nach dem Erzählen sollten die Kinder die Möglichkeit haben, sich zu dieser Geschichte zu äußern und gemein-

sam mit den Erwachsenen über Gottes Handeln nachzudenken.

Neben die Auswahl biblischer Geschichten, die sich am Kind orientiert, sollten auch inhaltliche Gesichtspunkte treten, die sich von der Überlegung leiten lassen, dem Kind möglichst unterschiedliche Sichtweisen Gottes zu eröffnen. Die grundlegende Orientierung dazu ergibt sich aus der biblischen Botschaft, wenn wir sie in ihrer Gesamtheit betrachten. Das bedeutet nun nicht, dass wir Gott dadurch in irgend einer Weise »verfügbar« machen könnten. Gott wird für den Menschen in letzter Konsequenz immer fremd bleiben und sich dem Zugriff des Menschen entziehen. Dennoch erscheint es sinnvoll, dass Kinder von Anfang an die unterschiedlichen Erfahrungen kennenlernen, die Menschen in der Bibel mit Gott gemacht haben. Auf diese Weise kann es gelingen, einseitigen und verzerrenden Gottesvorstellungen entgegenzuwirken, die den kindlichen Glauben in die Irre führen können.

Bei der Auswahl der Geschichten unter diesem Gesichtspunkt erscheint es sinnvoll, sich vom Heilshandeln Gottes leiten zu lassen, wie es sich im Kreuz und der Auferstehung Jesu Christi zeigt. Um zu diesem Ziel zu gelangen, sollten bei der inhaltlichen Auswahl der biblischen Geschichten für Drei- bis Siebenjährige folgende Aspekte in Betracht gezogen werden:

- Gott ist Schöpfer und Bewahrer allen Lebens
- Gott nimmt Anteil am Leben der Menschen
- Menschen erkennen, dass sie sich vor Gott verfehlen
- Gott wird in Jesus Christus Mensch
- In Jesus wendet sich Gott den Menschen zu
- In Kreuz und Auferstehung versöhnt sich Gott mit den Menschen und wird unser Vater.

Diesen Aspekten lassen sich eine Reihe biblischer Geschichten zuordnen, die dann für Kinder im Vorschulalter zugänglich sind, wenn die entwicklungspsychologischen

Voraussetzungen beim Erzählen oder beim Betrachten von entsprechenden Bildern berücksichtigt werden.

Wichtig ist in diesem Zusammenhang auch, dass die Kinder nicht nur Geschichten aus der Bibel kennenlernen, die von Erfahrungen der Menschen mit Gott erzählen, sondern dass die für das Kind bedeutsamen Erwachsenen ihrerseits von ihren Erfahrungen, die sie mit Gott gemacht haben, berichten. Dies können Geschichten der Bewahrung, des Trostes, der Hoffnung oder der Dankbarkeit sein. Durch solche Mitteilungen erlebt das Kind, dass die biblische Botschaft lebendig ist und im Leben seiner Bezugspersonen eine wichtige Rolle spielt. Dadurch findet das Kind das bestätigt, was es mit seinem Gott als Begleiter in seinem Leben erfährt.

Wenden wir uns abschließend der Gebetserziehung zu. Aufgrund der Tatsache, dass Gott für die Kinder zunächst als Phantasiebegleiter erscheint, ist das Gebet für sie nichts Außergewöhnliches. Denn mit ihren Phantasiebegleitern sprechen sie, tragen ihnen ihre Sorgen vor, klagen sie an oder erbitten ihre Hilfe. Diese Erfahrungen liegen in der Regel bereits vor, wenn wir als Erwachsene mit Kindern beten oder sie selbst Gebete sprechen lassen. Dennoch gibt es im Hinblick auf die Phantasiebegleiter einen grundlegenden Unterschied. An Gott wenden sich nicht nur Kinder, wie es bei den Phantasiebegleitern der Fall ist, sondern auch die Erwachsenen. Für das Kind wird dadurch deutlich, dass Gott anders ist als die übrigen Gestalten, die in seiner Imagination zu Hause sind. Dazu kommt, dass die Erwachsenen sich im Gebet ehrfürchtig, respektvoll und in feierlicher Form an Gott wenden. Im gemeinsamen Gebet lernt das Kind in gleicher Weise mit Gott zu reden, wie es dies bei den Erwachsenen beobachtet.

Eine gute Gelegenheit zum gemeinsamen Beten ist neben den Mahlzeiten vor allem das Abendgebet. Inhaltlich kann das Kind im Gebet Gott für alles danken, was es tagsüber erfährt und was sein Leben schön erscheinen lässt. Selbstverständlich kann sich das Kind auch mit seinen Bitten und Wünschen an Gott wenden. Dabei besteht jedoch die latente Gefahr, aufgrund der magischen Vorstellungen, die das Kind hat, und seiner Allmachtsphantasien, Gott als automatischen Wunscherfüller misszuverstehen. Deshalb ist behutsam darauf zu achten und das Kind darauf hinzuweisen, dass Bitten und Wünsche unter dem Vorbehalt an Gott gerichtet werden, dass *sein* Wille geschehe. Dadurch kann das Kind davor bewahrt werden, aufgrund eines falschen Gottesbildes Enttäuschungen zu erleiden, die schließlich zu der Meinung führen, dass Gott kraft- und machtlos ist oder sich nicht um das Leben der Menschen auf der Erde kümmert, wie das aus der folgenden Äußerung einer Vierzehnjährigen hervorgeht. Sie schreibt:

»Ich glaube im Grunde überhaupt nicht daran. Aber wenn, dann könnte es doch so sein, dass irgendwo im All dieser Gott irgendwie lebt und die Erde überblicken kann. Man kann aber schon daraus schlussfolgern, dass es ihn nicht gibt, weil es z. B. immer noch Elend und Not in anderen Teilen der Welt gibt. Wenn es einen ›lieben Gott‹ geben sollte, dann müsste er Glück und ein langes Leben an alle ›austeilen‹. Es wäre schön, wenn es einen gäbe, dann hätte man jemanden, an den man sich, außer an Freunde, klammern könnte.«

Dieses Zitat belegt, dass das Mädchen von der selbstverständlichen Annahme ausgeht, dass Gott der Garant des Guten sein müsste. Weil er aber nicht so handelt, wie es sich die Vierzehnjährige vorstellt, kann sie an Gott nicht glauben, obwohl sie von einer tiefen Sehnsucht nach Sicherheit und Geborgenheit bestimmt wird. Solche Äußerungen sind bei Heranwachsenden weit verbreitet. Sie sind oftmals auf ein falsch verstandenes Gottesbild zurückzuführen, das nicht zuletzt durch eine Gebetserziehung gefördert wird, die von Gott als demjenigen ausgeht, der alle Wünsche selbstverständlich erfüllt.

Immer wieder wird im Zusammenhang mit der Gebetserziehung die Frage gestellt, ob für das Kind freie oder vorformulierte Gebete günstiger seien. Beide Formen haben ihre Berechtigung. Der große Vorteil des freien Kindergebets besteht darin, dass das Kind sehr persönlich mit Gott sprechen lernt. Abends kann es so seine Erlebnisse des Tages vor Gott bringen und ihm dafür danken. Das gebundene Gebet erlaubt es dem Kind, mit anderen gemeinsam zu beten. Zugleich wird das Kind dadurch beispielhaft mit der christlichen Tradition vertraut. Bei der Auswahl solcher Gebete sollte jedoch überprüft werden, ob sie von den Kindern verstanden werden können. Dabei haben wir uns daran zu erinnern, dass das Kind konkret denkt. Bei dem einfachen Kindergebet »Ich bin klein, mein Herz ist rein, soll niemand drin wohnen als Jesus allein« ist davon auszugehen, dass für das Kind Jesus tatsächlich in seinem Herzen wohnt. Das führt notgedrungen zu einer Reihe von Missverständnissen und Schwierigkeiten.

Zusammenfassend können wir festhalten:

- Grundlage der religiösen Erziehung ist das Urvertrauen des Kindes, das sich aus dem Wechselspiel zwischen Mutter und Kind im Säuglingsalter ergibt.
- Prägenden Einfluss auf den kindlichen Glauben und die religiöse Entwicklung des Kindes hat das Verhalten der Eltern.
- Um zu Vorstellungen von Gott und zum Aufbau der Gottesbeziehung zu gelangen, braucht das Kind Anregungen und Impulse durch seine Eltern und andere Erwachsene, die für es bedeutsam sind.
- Ein wichtiges Element der religiösen Erziehung ist das Gespräch über Gott. Dabei kommt es darauf an, dass das Kind seine Gedanken freimütig äußern kann und taktvolle Zuhörer findet.
- Für die Weiterentwicklung der kindlichen Glaubensvorstellungen sind behutsame Anregungen durch die Erwachsenen notwendig.
- Neben dem Gespräch sind für die Glaubensentwicklung des Kindes aussagekräftige Bilder hilfreich, durch die es

Zugang zum Glauben und Bestätigung im Glauben finden kann.

- Biblische Geschichten bieten solche Bilder an, wenn sie so erzählt werden, dass der Lebens- und Erfahrungshorizont der Kinder mit bedacht wird.
- Bei der Auswahl der biblischen Geschichten ist neben der Frage der Kindgemäßheit auf den Gesamtzusammenhang der biblischen Botschaft zu achten. Dadurch erhält das Kind im Hinblick auf den Aufbau und Ausbau seines Gottesglaubens vielfältige Anregungen.
- Das Reden mit Gott ist für Kinder nichts Ungewöhnliches. Denn sie sind damit vertraut, mit ihren Phantasiebegleitern zu reden.
- Durch das gemeinsame Gebet des Kindes mit den Eltern wird ihm der Unterschied zwischen den Phantasiebegleitern und Gott bewusst.
- Bei der Gebetserziehung liegt es nahe, mit dem Kind freie Gebete zu sprechen, in denen seine Alltagserfahrungen aufgegriffen werden. Dabei kommen dem Dank- und dem Bittgebet besondere Bedeutung zu.

Fragen zum Nachdenken und Diskutieren

- Formulieren Sie Grundsätze, die bei der religiösen Erziehung im Vorschulalter beachtet werden sollten.
- Schreiben Sie Gespräche auf, die Sie mit Kindern über Gott geführt haben, und diskutieren Sie sie mit anderen. Überprüfen Sie dabei, wie Sie mit dem Kind gesprochen haben und was Ihr Interesse an dem Gespräch war.
- Wann ergeben sich aufgrund Ihrer Erfahrung die besten Möglichkeiten für ein Gespräch über Gott?
- Welche biblischen Geschichten gefallen Ihnen besonders gut? Welche Bilder enthalten sie? Welche davon eignen sich für die Weitergabe an Kinder?

- Lesen Sie folgende Bibeltexte: 1. Mose 4,1–15; 1. Mose 18,1–15; 2. Mose 14; Lukas 2,1–21; Lukas 5,1–11. Welche Bilder sind in diesen Texten enthalten? Überprüfen Sie, welche der Geschichten Sie Ihrem Kind erzählen könnten. Begründen Sie Ihre Entscheidung.
- Stellen Sie einen Plan auf, in dem biblische Geschichten enthalten sind, die Kindern im Alter von drei bis sieben Jahren erzählt werden könnten.
- Was sollte Ihr Kind über Jesus Christus erfahren? Welche neutestamentlichen Geschichten erscheinen Ihnen besonders wichtig?
- Wann beten Sie mit Ihrem Kind? Welche Gebete sprechen Sie?
- Was sollte bei der religiösen Erziehung im Kindergarten und im Kindergottesdienst besonders beachtet werden?
- Welche Erfahrungen, die Sie persönlich mit Gott gemacht haben, könnten Sie an Ihr Kind oder Ihre Kinder weitergeben?

7. Praktische Hinweise

Statt einer Zusammenfassung wollen wir abschließend einige Ratschläge in Stichworten auflisten, die als Bestätigung oder Anregung für die Erziehungspraxis zu verstehen sind. Wenn diese Anmerkungen mit anderen diskutiert werden, dann ergeben sich sicher weitere Gesichtspunkte, die es zu bedenken gilt.

- Die religiöse Erziehung im Vorschulalter steht und fällt mit der Einstellung der Eltern zur christlichen Tradition. Wertvolle Impulse erhält das Kind für seine Glaubensentwicklung zunächst nicht in erster Linie aufgrund dessen, was dem Kind inhaltlich mitgeteilt wird, sondern davon, wie die Mutter und der Vater ihren eigenen Glauben praktizieren. Unmöglich ist es, ein Kind im christlichen Glauben erziehen zu wollen, wenn im Elternhaus dafür keine Basis vorhanden ist. Das Kind ist dann allein darauf angewiesen, was es mehr oder weniger zufällig über Gott und den Glauben erfährt.
- Auch im religiösen Bereich gilt, was über das Lernen seit Aristoteles bekannt ist: Lesen lernt man durch Lesen, Schreiben durch Schreiben, Rechnen durch Rechnen. Das Kind bedarf der Praxis des Glaubens, um Glauben zu lernen. Dies kann durch vielfältige Formen geschehen. Dazu gehört der gemeinsame Gottesdienstbesuch, das Gebet mit Kindern, das Erlernen von geistlichen Liedern, aber auch das bewusste Begehen der christlichen Feste. Beispielsweise können die Eltern mit dem Kind zu verschiedenen Anlässen basteln, zu Weihnachten die Wohnung schmücken oder zu Ostern einen Osterstrauß dekorieren.
- In der Pädagogik ist die Auffassung weit verbreitet, dass der Mensch mit Kopf, Herz und Hand lernt. Im

Hinblick auf das Vorschulalter gilt die umgekehrte Reihenfolge. Das Kind lernt mit Hand, Herz und Kopf. Dies sollte auch bei der religiösen Erziehung beachtet werden. Mit der »Hand« lernt ein Kind, wenn es gemeinsam mit den Eltern die Wohnung in der Adventszeit schmückt oder der Mutter bei der Weihnachtsbäckerei hilft oder im Kindergottesdienst gemeinsam mit den Helferinnen und Helfern den Altar schmückt. Das »Herz« wird angesprochen, wenn es in einer Atmosphäre des Vertrauens biblische Geschichten hört oder Bilder zu biblischen Geschichten betrachtet. Mit dem »Kopf« lernt es, wenn es allein oder gemeinsam mit anderen Kindern und Erwachsenen über das Gehörte oder Gesehene nachdenkt.

- Für das Kind sind in seinem Alltag Rituale wichtig. Das sind feste Zeiten im Wochenablauf, die der Orientierung dienen. Sie ordnen gleichsam die dahinfließende Zeit und schenken Ruhe und Besinnung. Ein wichtiges Ritual ist das Gebet mit dem Kind abends im Bett. Rückblickend kann sich das Kind vergegenwärtigen, was es tagsüber erlebt hat, und Gott dafür danken. Zugleich kann das Kind an Personen denken, die ihm besonders am Herzen liegen, und für deren Wohlergehen bitten. Auch ist dies die Zeit, um dem Kind eine Geschichte zu erzählen oder mit ihm gemeinsam Bilder aus einer Bilderbibel zu betrachten. Weitere Rituale können im Verlauf der Woche eingeplant werden. Dabei ist es denkbar, zu bestimmten Zeiten als Familie zusammenzukommen, um dem Kind biblische Geschichten zu erzählen, Lieder zu singen oder zu beten. All dies sollte in einer lockeren Atmosphäre geschehen. Das Kind sollte hinreichend Gelegenheit erhalten, seine eigenen Gedanken zum Gehörten zum Ausdruck zu bringen. So erfährt es, dass sein Glaube genauso wichtig ist wie der der Erwachsenen oder älterer Kinder in der Familie. Bei der Gestaltung dieser Rituale sollte das Kind einbezogen werden. So kann es die Aufgabe erhalten, eine Kerze auf den Tisch zu stellen und sie anzuzünden oder ein bestimmtes Gebäck aus dem Schrank zu holen, das bei der gemeinsamen gemütlichen Runde gegessen wird.

- In besonderer Weise sollten solche Rituale bei bestimmten Festen im Kirchenjahr in den Alltag der Familie eingeplant werden. Dazu eignen sich vor allem die Abende an den Adventssonntagen. Zunächst kommt es dabei auf die atmosphärische Gestaltung dieses Zusammenseins an: der adventlich gedeckte Tisch, der abgedunkelte Raum, der nur von Kerzen erleuchtet wird, die Vorfreude auf Weihnachten. Bei diesem Zusammensein sollte Zeit sein zum Basteln, Erzählen von Geschichten, zum Spielen, zum Gespräch und zum Malen. Vielleicht greifen die Eltern auch auf ein Kinderbuch zurück, das sie in dieser Zeit mit den Kindern anschauen und daraus vorlesen. Ähnliche Zusammenkünfte sind auch in der Osterzeit und bei älteren Vorschulkindern in der Passionszeit denkbar. Auf diese Weise erhält das Kind wichtige Eindrücke im Hinblick auf das Kirchenjahr und dessen Ablauf. Zugleich kann es erfahren, dass Gott den Menschen durch die Zeit begleitet.
- Von zentraler Bedeutung sind Gespräche mit Kindern über Gott und Jesus Christus. Dabei sollte darauf geachtet werden, dass in erster Linie die Vorstellungen und Gedanken des Kindes im Vordergrund stehen. Es sollte Gelegenheit haben, sich den Erwachsenen mitzuteilen und Anregungen erhalten, seine Gottesvorstellungen freimütig zu äußern. Dabei gilt es, der Phantasie des Kindes Raum zu geben und es nicht belehren zu wollen. In diesem Zusammenhang können die Eltern dem Kind behutsam Impulse zu weiterführenden Überlegungen geben. Dabei ist jedoch darauf zu achten, dass das Kind aufgrund seiner geistigen Voraussetzungen mit diesen Anregungen etwas anfangen kann.
- Biblische Geschichten, die die Eltern dem Kind erzählen, sollten sorgsam darauf überprüft werden, welche

konkreten Symbole oder Bilder sie enthalten. Sinnvoll erscheint es, nur solche Geschichten zu erzählen, die auf die Lebens- und Erfahrungswelt der Kinder Bezug nehmen oder ihnen Vorstellungen vermitteln, die zu einem neuen oder erweiterten Nachdenken über Gott Anstoß geben. Alle die Geschichten sollten ausgespart werden, die das geistige Fassungsvermögen der Kinder übersteigen oder Bilder enthalten, zu denen das Kind keinen Zugang hat oder die es emotional stark belasten. Dazu gehört beispielsweise die Geschichte von der Opferung Isaaks. Nicht zuletzt ist es wichtig, dass über die Erzählung gesprochen wird. Denn nur durch das Gespräch kann sich das Kind das Gehörte aneignen. Eigenwillige Deutungen des Kindes sollten nicht zurückgewiesen werden. Denn es hat ein Recht darauf, eine Geschichte so zu verstehen, wie es seinen geistigen und seelischen Voraussetzungen angemessen ist.

- Grundsätzlich vermieden werden sollte, Gott als Druckmittel in der Erziehung zu benutzen. Das geschieht zum Beispiel dann, wenn die Eltern dem Kind androhen, dass Gott es straft, wenn es etwas gegen den Willen der Eltern tut; oder wenn die Eltern das Kind darauf aufmerksam machen, dass Gott alles sieht und es ihm nicht gefällt, wie sich das Kind benimmt. Denn dadurch wird das Kind gegenüber Gott misstrauisch und wird versuchen, sich dem drohenden Zugriff Gottes zu entziehen. Ähnlich problematisch erscheint es, wenn Gott für alles, was auf der Erde geschieht, verantwortlich gemacht wird. Das Kind wird später, wenn es mit wachsendem Bewusstsein mit dem Leid dieser Welt konfrontiert wird, daraus die Schlussfolgerung ziehen, dass Gott offenbar nicht gütig und gerecht ist und dass sich der Glaube an einen Gott nicht lohnt, der Ungerechtigkeiten und Leid unter den Menschen zulässt.
- Das ältere Vorschulkind wird bereits bemerken, dass in seinem Leben und auf der Welt nicht alles so ist, wie es sich die Menschen vorstellen und wünschen. Ihm wird

Leid begegnen, sei es, dass der Großvater krank ist und im Rollstuhl sitzen muss, sei es, dass jemand aus der Familie oder dem Bekanntenkreis stirbt. In solchen Fällen ist es angeraten, den Fragen des Kindes ernsthafte Aufmerksamkeit zu schenken und mit dem Kind gemeinsam darüber nachzudenken, ob dies der Wille Gottes ist. Helfen kann es dabei, wenn wir davon ausgehen, dass Gott nicht für alles, worunter Menschen leiden, verantwortlich zu machen ist. Hilfreich kann es auch für das Kind sein, wenn es erfährt, dass selbst die Eltern nicht in der Lage sind, Gottes Handeln in letzter Konsequenz zu erklären. Dabei kann das Kind eine Ahnung davon bekommen, dass Gott sich im Letzten der menschlichen Erkenntnis entzieht.

- Ziel der religiösen Erziehung muss es sein, das Kind religiös sprachfähig zu machen. Dies ist ein langer Weg, der im frühen Kindesalter beginnt. Wichtige Grundsteine dazu können im Vorschulalter gelegt werden. Dabei kommt es darauf an, Inhalte des christlichen Glaubens und der christlichen Tradition mit dem Leben des Kindes zu verknüpfen. Das wird in dem Maße gelingen, wie die entwicklungspsychologischen Besonderheiten im Vorschulalter beachtet werden, die uns die Augen öffnen, die individuellen Voraussetzungen der kindlichen Persönlichkeit wahrzunehmen. Dies wird dann um so leichter sein, wenn wir uns auf die Vorstellungen, Gefühle und Gedanken der Kinder einlassen. Wenn es uns gelingt, die Perspektive der Kinder einzunehmen und wie die Kinder zu werden, ihre Sorgen, Ängste und Hoffnungen zu teilen, dann stellt sich die Glaubenserziehung als ein gemeinsamer Weg dar, auf dem die Kinder von den Erwachsenen und die Erwachsenen von den Kindern lernen werden.
- Es gibt viele Hilfen, die die christliche Erziehung in der Familie erleichtern. Neben Kinderbibeln, Kassetten mit biblischen Geschichten und biblischen Bilderbüchern, die auf dem Büchermarkt angeboten werden, ist auf

tripp trapp hinzuweisen. Dabei handelt es sich um Materialsätze, die im Abstand von vier Monaten herausgegeben werden und dem Alter der Kinder zugeordnet sind. Sie enthalten Bilderbücher und biblische Geschichten, Kassetten mit Liedern und Hörspielen sowie Spiele. Für die Eltern liegt jedem Paket ein Magazin bei, das über die Entwicklung ihres Kindes im jeweiligen Alter informiert und darüber Auskunft gibt, wie die einzelnen Materialien benutzt werden können. Einzelne Themen aus dem familiären Umfeld werden in Exkursen behandelt. Ziel von *tripp trapp* ist es, den christlichen Glauben als Teil des normalen Familiengeschehens zu praktizieren. Die kontinuierliche Begleitung der Familien mit wenigen, in ähnlicher Form wiederkehrenden Materialien für Kinder bis zum sechsten Lebensjahr ist bestens geeignet, die Frage nach dem christlichen Glauben wachzuhalten und den Kindern wertvolle Impulse für ihre Glaubensentwicklung zu geben.

Literatur

1. Kinder in der Umwelt Jesu und in den ersten christlichen Gemeinden

Zum Stichwort »Kinder in der antiken Welt des ersten Jahrhunderts«, S. 10–18

Müller, Peter: In der Mitte der Gemeinde, Neukirchen-Vluyn 1992 (Kapitel 3)

Eyben, Emiel: Sozialgeschichte des Kindes im römischen Altertum, in: Martin/Nitzschke (Hg.): Zur Sozialgeschichte der Kindheit, München 1986, S. 317–363

Herter, H.: Artikel »Kind«, in: Kleines Wörterbuch des Hellenismus, Wiesbaden 1988, S. 369–373

Zum Stichwort »Kinder in der Botschaft Jesu und in den Evangelien«, S. 19–27

Müller, Peter: In der Mitte der Gemeinde, Neukirchen-Vluyn 1992 (Kapitel 4 und 5)

Weber, Hans-Ruedi: Jesus und die Kinder, Hamburg 1980

Schweizer, Eduard: Das Evangelium nach Markus, Göttingen 1968

Ders.: Der Brief an die Kolosser, Neukirchen-Vluyn 1976

Luz, Ulrich: Das Evangelium nach Matthäus, Bd. 1–3, Neukirchen-Vluyn und Zürich 1985–1997

Zum Stichwort »Die Christen des ersten Jahrhunderts und die Kinder in ihrer Mitte«, S. 28–34

Gielen, Marlis: Tradition und Theologie neutestamentlicher Haustafelethik, Frankfurt a. M. 1990

Aland, Kurt: Die Stellung der Kinder in den frühen christlichen Gemeinden, München 1967

Müller, Peter: In der Mitte der Gemeinde, Neukirchen-Vluyn 1992 (Kapitel 6)

Woschitz, Karl Matthäus: Das Kind im Neuen Testament, in: Wiener/Erharter (Hg.), Kinderpastoral, Wien 1982

2. Kinder in Kirche und Gesellschaft – vom Mittelalter bis zur Neuzeit

Zum Stichwort »Kinder in Kirche und Gesellschaft zwischen Antike und Reformationszeit«, S. 37–45

Ariès, Philippe: Geschichte der Kindheit, München (11) 1994

Lachmann, Rainer: Artikel »Kind«, in: TRE Bd. 18, Berlin 1989, S. 156–176

Sahar, Shulamith: Kindheit im Mittelalter, Reinbek 1993

Winter, Matthias: Kindheit und Jugend im Mittelalter, Freiburg 1994

Hausmann, Otto: Kindheit und Jugend zwischen Mittelalter und Neuzeit, Weinheim 1995

Zum Stichwort »Kinder in Kirche und Gesellschaft der Neuzeit«, S. 46–66

Schweitzer, Friedrich: Die Religion des Kindes. Zur Problemgeschichte einer religionspädagogischen Grundfrage, Gütersloh 1992

Lachmann, Rainer: Artikel »Kind«, in: TRE Bd. 18, Berlin 1989, S. 156–176

Ariès, Philippe: Geschichte der Kindheit, München (11) 1994

Weber-Kellermann, Ingeborg: Die Kindheit. Eine Kulturgeschichte, Frankfurt a. M. 1979

Hofhansl, Ernst: Kindergottesdienst, in: Schmidt-Lauber/Bieritz (Hg.): Handbuch der Liturgik, Leipzig und Göttingen 1995, S. 771–785

Postman, Neil: Das Verschwinden der Kindheit, Frankfurt a. M. 1984

Aufwachsen in schwieriger Zeit. Kinder in Gemeinde und Gesellschaft, hg. vom Kirchenamt der EKD, Gütersloh 1995

3. Kinder in der gegenwärtigen Gesellschaft

Zum Stichwort »Verständnis von Kindheit in der heutigen Gesellschaft«, S. 67–68

Ariès, Ph.: Geschichte der Kindheit, München 1978, S. 47ff

Zum Stichwort »Verschwinden der Kindheit«, S. 68–69
Postman, N.: Das Verschwinden der Kindheit, Frankfurt a. M., 2. Aufl. 1984

Zum Stichwort »Erlernen des Lesens und Schreibens«, S. 69
Postman, N.: Das Verschwinden der Kindheit, a. a. O. S. 90

Zum Stichwort »Wissensmonopol«, S. 69
Postman, N.: Das Verschwinden der Kindheit, a. a. O. S. 86

Zum Stichwort »Liquidation der Kindheit«, S. 69–70
Hengst, H.: Kinderalltag im internationalen Vergleich: Zur Einführung. In: Hengst, H. (Hg.): Kindheit in Europa. Zwischen Spielplatz und Computer, Frankfurt a. M. 1985

Zum Stichwort »Bedrohung der Kindheit«, S. 70–71
Elkind, D.: Das gehetzte Kind. Werden unsere Kleinen zu schnell groß?, Hamburg 1991
ders.: Wenn Eltern zu viel fordern. Die Rettung der Kindheit vor leistungsorientierter Früherziehung, Hamburg 1991

Zum Stichwort »Gesellschaftlicher Status der Kinder«, S. 71
B. Nauck / Bertram, H. (Hg.): Kinder in Deutschland. Lebensverhältnisse von Kindern im Regionalvergleich. DJI: Familien-Survey 5, Opladen 1995, S. 50

Zum Stichwort »Eigenbewertung der Kindheit«, S. 73–76
U. Arnold / H. Hanisch / Orth, G.: Was Kinder glauben, Teil 1. 24 Gespräche über Gott und die Welt, Stuttgart 1997 und
G. Orth/Hanisch, H.: Glauben entdecken – Religion lernen. Was Kinder glauben, Teil 2, Stuttgart 1997

Zum Stichwort »Leben in der Familie«, S. 77–79
Aufwachsen in schwieriger Zeit. Kinder in Gemeinde und Gesellschaft, Gütersloh 1995, S. 37f
Wilk, L. u. a.: Familienkindheit heute: Vielfalt der Formen – Vielfalt der Chancen, in: L. Wilk / Becher, J. (Hg.): Kindliche Lebenswelten, Opladen 1994, S. 89–152

Zum Stichwort »Wohnumgebung und Wohnen der Kinder«, S. 79–80
Bacher, J. u. a.: Wie Kinder wohnen, in: L. Wilk / Becher J. (Hg.): Kindliche Lebenswelten, a. a. O. S. 161–196

Zum Stichwort »Freundschaften und Freizeitgestaltung«, S. 80–82
R. Nagl / Kirchler, E.: Kinderfreundschaften und Freizeitgestaltung, in: L. Wilk / Becher, J. (Hg.): Kindliche Lebenswelten, a. a. O. S. 295–347

Zum Stichwort »Umgang mit Fernsehen und Video«, S. 82–84
J. Gunz / Ortmair, M.: Umgang mit Medien unter besonderer Berücksichtigung von Fernsehen und Video, in: L. Wilk / Becher, J. (Hg.): Kindliche Lebenswelten, a. a. O. S. 253–293

Zum Stichwort »Schule als Lebenswelt«, S. 84–86
Eder, F. u. a.: Schule als Lebenswelt, in: L. Wilk / Becher, J. (Hg.): Kindliche Lebenswelten, a. a. O. S. 197–251

4. Die kindliche Persönlichkeit im Vorschulalter

Zum Stichwort »Die geistige Entwicklung von Kindern«, S. 90–95
Montada, L.: Die geistige Entwicklung aus der Sicht Jean Piagets, in: R. Oerter / Montada, L.: Entwicklungspsychologie, 2., bearb. Aufl. Weinheim 1987, S. 413–427

Zum Stichwort »Das Weltbild des Kindes«, S. 95–101
Piaget, J.: Das Weltbild des Kindes, München 3. Aufl. 1992

Zum Stichwort »Das kindliche Moralverständnis«, S. 101–103
Piaget, J.: Das moralische Urteil beim Kinde, Freiburg 1973

Zum Stichwort »Die Persönlichkeitsentwicklung der Drei- bis Siebenjährigen«, S. 103–117
Erikson, E.: Jugend und Krise. Die Psychodynamik im sozialen Wandel, München 1988, S. 91–116

Zum Stichwort »Gottesvergiftung«, S. 117
Moser, T.: Gottesvergiftung, 3. Aufl. Frankfurt a. M. 1977

5. Wie Kinder glauben

Zum Stichwort »Entwicklung der Gottesvorstellung und der Gottesbeziehung«, S. 119–126

Rizzuto, A.-M.: The Birth of the Living God. A Psychoanalytic Study, Chicago / London 1979

Zum Stichwort »Entwicklung des kindlichen Glaubens«, S. 126–132

Fowler, J. W.: Stufen des Glaubens. Die Psychologie der menschlichen Entwicklung und die Suche nach dem Sinn, Gütersloh 1991, S. 136–166

Zum Stichwort »Gespräch mit Freddy«, S. 127f

Fowler, J. W.: Stufen des Glaubens, a. a. O. S. 142f

6. Anmerkungen zur religiösen Erziehung im Vorschulalter

Zum Stichwort »Gespräch mit dem fünfjährigen Sohn«, S. 134–136

Hull, J. M.: Wie Kinder über Gott reden!, Gütersloh 1997, S. 46f

Zum Stichwort »Äußerung einer Vierzehnjährigen«, S. 144

Hanisch, H.: »... manchmal träume ich, dass Gott eine Tochter hat, die sich um die Gedanken, Wünsche und Träume der Kinder kümmert ...«. Zur religiösen Phantasie von Kindern, in: Lehren und Lernen. Zeitschrift des Landesinstituts für Erziehung und Unterricht Stuttgart, Villingen-Schwenningen, 24. Jahrgang, Nummer 5, 1998, S. 19–28, hier S. 25

7. Praktische Hinweise

Tripp-Trapp kann bezogen werden bei Horst Reller, Südstraße 34, 07549 Gera

Bereits im Calwer Verlag erschienen

Ursula Arnold/Helmut Hanisch/Gottfried Orth (Hg.)
Was Kinder glauben
24 Gespräche über Gott und die Welt
352 Seiten. 26 s/w Abb. ctb 61. ISBN 3-7668-3489-4

Kinder im Alter zwischen 9 und 11 Jahren aus Aachen, Leipzig und Mödling (bei Wien) geben Auskunft über ihre Ansichten und Einsichten, Vermutungen und Zweifel zu fast allen Fragen, die mit Gott und dem Glauben zu tun haben.
Die unverstellte Direktheit ihrer Formulierungen, die Leichtigkeit und Phantasie, mit der sie die »Fragen nach den letzten Dingen« beantworten, sind lehrreich und vergnüglich zugleich. Die zahlreichen Zeichnungen geben Einblicke in die Vorstellungswelt der »kleinen Theologinnen und Theologen«.

Gottfried Orth / Helmut Hanisch (Hg.)
Glauben entdecken – Religion lernen
Was Kinder glauben, Teil 2
368 Seiten. ctb 68. ISBN 3-7668-3545-9

- Wie erfahren und beurteilen Kinder ihr »Kindsein«?
- Wie glauben Kinder an Gott?
- Welche Erfahrungen machen Kinder mit dem Beten?
- Welche Bedeutung hat Jesus für Kinder?
- Wie erleben Kinder den Gottesdienst und Religionsunterricht?

Auf der Grundlage des Bandes »Was Kinder glauben. 24 Gespräche über Gott und die Welt« sowie weiterer Interviews stellt das vorliegende Buch Grundelemente des Glaubens von Kindern im Alter zwischen 9 und 11 Jahren dar. Es zeigt die erstaunliche Weite und Tiefe der kindlichen Glaubens- und Lebenswelt auf und gibt praktische Anregungen, die sowohl im schulischen Religionsunterricht als auch bei der Arbeit mit Kindern in der Gemeinde Beachtung finden sollten.

HELMUT HANISCH
Die zeichnerische Entwicklung des Gottesbildes
bei Kindern und Jugendlichen
Eine empirische Vergleichsuntersuchung mit religiös
und nicht-religiös Erzogenen im Alter von 7–16 Jahren
240 Seiten mit zahlr. farb. Abb. ISBN 3–7668–3464–9
In Zusammenarbeit mit der Ev. Verlagsanstalt Leipzig

Die Frage nach Gott ist das zentrale Thema religiöser Erziehung in Schule, Gemeinde und Familie. Doch das Gespräch über Gott bereitet oft große Schwierigkeiten. Diese hängen nicht zuletzt mit dem begrenzten Wissen zusammen, das Religionspädagogen/innen; Pfarrer/innen und Eltern über das kindliche Gottesbild und seine Entwicklung haben.
Das vorliegende Buch will Abhilfe schaffen. Der Autor hat die besondere Situation des beginnenden weltanschaulich-kulturellen Umbruchs, die mit dem Ende der DDR gegeben war, genutzt, um die Entwicklung von Gottesvorstellungen bei Kindern und Jugendlichen zu untersuchen, die in extrem unterschiedlichen religiösen Umwelten aufgewachsen sind (religiöse Erziehung, nichtreligiöse Erziehung). Die Ergebnisse dieser in Art und Umfang einmaligen Studie führen zu einer grundlegenden Anfrage an das Gottesbild, das gegenwärtig Lehrpläne, Schulbücher und den Unterricht bestimmt.

HELMUT HANISCH / DETLEF POLLACK
Religion – ein neues Schulfach
Eine empirische Untersuchung zum religiösen Umfeld und
zur Akzeptanz des Religionsunterrichts aus der Sicht
von Schülerinnen und Schülern in den neuen Bundesländern
144 Seiten mit zahlr. Tabellen. ISBN 3–7668–3518–1
In Zusammenarbeit mit der Ev. Verlagsanstalt Leipzig

Als der Religionsunterricht in den neuen Bundesländern eingeführt wurde, erhielt die Diskussion über Bedeutung und Zweck dieses Fachs neue Impulse.
Die Probleme, die sich mit der Einführung ergaben, führten zu einer Fragebogenuntersuchung, an der fast 1500 Schülerinnen und Schüler teilnahmen. Die Ergebnisse geben Einblick in die aktuelle Situation des Religionsunterrichts an den Schulen in den neuen Bundesländern. Die Studie zieht praktische Schlussfolgerungen für den Schulalltag.